U0164902

权 力

[美] 约翰·肯尼思·加尔布雷思　著
John Kenneth Galbraith

何永昌　译

THE
ANATOMY OF
POWER

中信出版集团 | 北京

图书在版编目（CIP）数据

权力 /（美）约翰·肯尼思·加尔布雷思著；何永
昌译 . -- 北京：中信出版社，2023.9
　书名原文：The Anatomy of Power
　ISBN 978-7-5217-5779-8

　Ⅰ . ①权… Ⅱ . ①约… ②何… Ⅲ . ①权力－研究
Ⅳ . ① C933.3

中国国家版本馆 CIP 数据核字（2023）第 116054 号

权力
著者：　　［美］约翰·肯尼思·加尔布雷思
译者：　　何永昌
出版发行：中信出版集团股份有限公司
　　　　　（北京市朝阳区东三环北路 27 号嘉铭中心　邮编　100020）
承印者：　宝蕾元仁浩（天津）印刷有限公司

开本：880mm×1230mm 1/32　　印张：8　　　　字数：170 千字
版次：2023 年 9 月第 1 版　　　印次：2023 年 9 月第 1 次印刷
京权图字：01-2014-7488　　　　书号：ISBN 978-7-5217-5779-8
　　　　　　　　　　　　　　　定价：59.00 元

献给马西娅·莱格鲁和奥斯汀·奥尔尼。

这些年来，我一直愉快地顺从于他们的定调权力和补偿权力。

目 录

约翰·肯尼思·加尔布雷思传略①

詹姆斯·K.加尔布雷思②

从权力的实践中获得教育

我的父亲算不上一个"受过多少教育的人"。除了英语，他不懂别的语言，没有学过高等数学，对音乐一窍不通，也不是很感兴趣。他本科学的是畜牧学，博士期间的专业是农业经济学，论文研究的是加利福尼亚州县政府的开支模式。文学方

---

① 本文改编自《经济学报》期刊（*Acta Oeconomica*，2018）中的《约翰·肯尼思·加尔布雷思的实用主义》一文，是以2018年初在俄罗斯联邦举办的一系列讲座为基础所著。

② 詹姆斯·K.加尔布雷思为得克萨斯大学奥斯汀分校林登·B.约翰逊公共事务学院"劳埃德·本特森"政府与商业关系讲席教授、政府学教授，意大利猞猁之眼国家科学院、葡萄牙里斯本科学院以及俄罗斯科学院成员，本书作者约翰·肯尼思·加尔布雷思之子。——编者注

面，他喜欢的是英国作家特罗洛普、毛姆以及加拿大安大略偏远乡村的吟游诗人罗伯逊·戴维斯（Robertson Davies）。他精心收藏了一系列他那个年代的经济学经典著作，其中包括马歇尔、陶西格、凡勃仑、熊彼特与凯恩斯的著作。他在多大程度上追随过这些人——除了马歇尔与凡勃仑——谁也猜不准。在人生中的最后几年里，他曾同我说过"熊彼特就是个骗子"。我能感觉到他对此人装腔作势的做派难以忍受。

他在农场中长大。马匹、牛群以及当时的机械设备都是他习以为常的东西。同样让他再熟悉不过的还有先进的南安大略农业所处的更大的经济环境——一个有着营销集体企业与政府推广机构的世界，一个处于汽车与拖拉机变革时代的自我完善的世界。他的父亲，也就是我的爷爷，兼任一家保险公司的董事，同时也是自由党派的地方领袖。他们住在一座大房子里，它并不奢华，但很坚固，直至今天还在那里。但他们也算不上是农民阶级。

他开始学着写作，最开始是为安大略省伦敦市的地方小报撰写一些关于农业问题的文章，之后在圭尔夫的安大略农学院英语系学习，后进入加州大学伯克利分校，同时研究养蜂经济与类似主题。他研究的都是实际问题。他很幸运，因为在大萧条时期，农业危机是重中之重。当时的纽约州州长富兰克林·罗斯福深知这一点。于是在 1934 年，我父亲突然被调到华盛顿的农业调整局，之后他进入哈佛大学执教，因为当时学校需要一位懂农业政策的专家。也就是从这时起，他的兴趣范围被大大地拓宽了，他开始关注产业集中、普遍失业的问题，并因此进入剑桥大学学习了一年。在剑桥，他读到了凯恩斯的理论，但还没有见过凯恩斯本人，同时在这里与尼古拉斯·卡尔多（Nicholas Kaldor）、琼·罗宾逊（Joan Robinson）这些同窗结为好友，不过还没有留下太多关于自己想法的痕迹。那时候他已经结婚，娶了一位精通外语的太太，两人一起周游欧洲大陆，特别是到了德国与意大利之后，他们亲眼见证了法西斯主义的兴起。在希特勒于政治上存在过失的大背景下，其治下德国经济的明显复苏没有逃过父亲的眼睛。

1938 年回到哈佛之后，他成为"鼓动变革的年轻人"之一，想要把凯恩斯的现代经济学与彻底的变革带到那个最故步自封、自视甚高的机构中去。他力挺因为激进主义被逐出经济部门的艾伦·斯威齐（Alan Sweezy，保罗·斯威齐的哥哥），也为此立场失去了所有得到擢升的机会，后转而去了普林斯顿。这样的日子他并不喜欢。于是在机会出现的第一时间，他立刻就回到社会工作中去了。最初他进入了国防顾问委员会（National Defense Advisory Committee），为因即将到来的战争而备建的弹药厂选址——这件事我是在 33 年后，在五角大楼的部队图书馆中为一份本科论文找资料时才发现的。在这件事上，他的农业背景再次派上了用场：爆炸物所用的化学成分与化肥所用的一样，他们考虑将这个弹药厂在战后转为民用。

随后他被任命为物价管理与民用供应局［Office of Price Administration and Civilian Supply，后更名为物价管理局（OPA）］副主任——一个对整个美国经济都能够实施有效管控的职位。他当时 33 岁，成为一名美国公民已有 3 年。珍珠港事件发生后的那个周日，一个有关重要战争物资的会议召开了。据家人说，他们按照字母顺序排查一份清单，用了很长时间才到了字母"r"，也就是"橡胶"（rubber）的首字母。这个在农场长大的小伙子明白，橡胶是制造所有机械不可或缺的部分，而此时日本海军已屯兵马来半岛。我父亲与一名律师——戴维·金斯伯格（David Ginsburg）一起离开会议，起草了一份禁售橡胶轮胎的政令。由于没有签发政令的授权，他们辗转找到了（美国）战时生产委员会的人，匿名拿到了他们所需的批文，然后返回办公室呼叫了无线电台。次日清晨，美国民众已经无法买到橡胶轮胎了。

无论从宏观还是从微观角度来看，战时的价格管控此前是（现在也是）应用经济学中极为重要的一种做法。其关键在于要营造一种稳定心理，让消费者对货币与国债保持信心，不至于抛售本国货币或债券，转而投向任何能够买到的商品，导致政府不得不通过没收性税收或恶性通货膨胀来为战事提供资金。为此，将基础物资进行定额分配、完全停止许多非消耗性用品的供应，比如新车，这种做法要比让价格成为一种让人心生不安、焦虑与恐惧的东西更为高明。凯恩斯在《如何支付战争费用》（*How to Pay for the War*，1940）这本文章合集中设想这个问题可以完全通过宏观措施解决，也就是他所说的"强制储蓄"，但我父亲最开始就认为要采取选择性的价格管控措施。此后，很多事打消了他的疑虑。1942 年 4 月，实施全面管控的《全面最高限价条例》颁布，稍加调整后贯穿了整个战时。我曾经问父亲他是怎么找到 17 000 名公职人员来做这件事的，他回答说："通过赠地学院①。我雇用了所有的经济学教授。"凯恩斯在 1942 年探访过物价管理局，他想要探讨的是粮肉价格周期波动，或者用他自己的话说，是"玉米和猪"的问题。

在过去，很多后来演变为美国战后自由主义政治运动的事都需要经过物价管理局。战后的保守主义经济学派沉迷于抹杀

---

① 赠地学院是美国由国会指定的高等教育机构。1862 年通过的《莫雷尔法案》规定，联邦政府向各州拨赠公共土地，并要求用这些土地的收益资助至少一所学校。——编者注

战时通胀政策所取得的成功，想要将"自由市场"与"自由价格"作为一种调节与平衡机制，或者说将其当作"自由"本身的代名词。这种做法对货币与国家稳定的影响在20世纪90年代的俄罗斯得到了最为生动的诠释。反观中国，如德国经济学者伊莎贝拉·韦伯（Isabella Weber，2021）所述，中国的改革经济学家遵循了传统的稳定价格的做法——他们也读过并研究过美国在父亲实施价格管控时的经验，这些内容被写在了1952年出版的《价格控制理论》（*The Theory of Price Control*）一书中。

18个月之后，就在斯大林格勒战役与战争结果不再有什么悬念时，价格管控政策击败了他，他被罢免回归个人生活。郁愤难当的他曾想过入伍，但两米的身高让他意识到自己不符合部队的要求。这时候，亨利·卢斯（Henry Luce）为他的人生提供了转机，请他去做《财富》杂志的编辑，这是当时美国时代公司的拳头产品，也是美国企业与金融系统的一扇窗，但凡透过它看过去，人们都不会觉得自己看到的是"自由市场"的景象。卢斯后来大概会说："我教给了加尔布雷思如何写作，但从那之后我就后悔了。"对我父亲来说，是《财富》打开了他20年后通往《新工业国》（1967）的道路。

1945年，父亲接到了一项实务工作：牵头对美国给德国与日本的战略轰炸带来的经济影响做一个独立研究，也就是去做美国战略轰炸调查（USSBS）。为此，我父亲组建了一个有史以来人员跨度最大的经济学家团队：尼古拉斯·卡尔多（卡尔·波兰尼的女儿卡莉·波兰尼是他的助理，在本文撰写之时卡莉已年届 100 岁）、E. F. 舒马赫［E. F. Schumacher，后来写过《小的是美好的》(*Small is Beautiful*)，当年他穿着美军制服出现在德国时，他的父母都不愿意认他］、E. F. 丹尼森（E. F. Denison，后进入布鲁金斯学会），以及保罗·巴兰（Paul Baran），他被我父亲称为军队史上最糟糕的士兵："他从来不把衬衫掖好，从来不擦自己的靴子，除了站在一起撒尿的时候，从来不会向军官敬礼。"按照家人的说法，伟大的经济理论家［葛兰西（Gramsci）的朋友］皮耶罗·斯拉法（Piero Sraffa）也在调查组中，但我没有找到相关的书面记录。

调查显示，轰炸造成了德国工业生产的重组，强化了德国对战争物资的重视，将劳动力从民用生产领域释放了出来，因为住房与工厂都被摧毁了，但没能破坏机械工具，也没有阻断铁路线。发生在汉堡与德累斯顿的燃烧弹轰炸是一场恐怖袭击，影响的主要是普通民众；针对德累斯顿的袭击也是意在向正在从东面逼近的苏联红军传递一种消息。这种本无必要的残暴行径成为父亲终其一生都挥之不去的困扰——不是很强烈的那种，只是每每触及这件事，父亲都会忧思重重。1945 年，父亲在从柏林写给家里的信中提到，虽然守着元首地堡入口的那个士兵"可真是难收买，几乎令人遗憾"，不过苏军士兵是非常廉洁、军纪严明的。

至于对广岛和长崎的原子弹轰炸，USSBS 的调查结果非常明确：就算没有投下这两枚原子弹，日本也会投降。在一堂关于"讲真话的代价"的有益课堂上，调查组对于战略轰炸在军事效果上的反对意见很不受欢迎。1948 年，美国陆军航空队（后称为美国空军）在哈佛大学的朋友几乎阻断了父亲返校担任终身教职的路，使得哈佛校长科南特（Conant）不得不以辞职作为威胁才摆平这一切。美国空军一位富有同情心的上校曾说道："肯（肯尼思的昵称），你的问题就在于太实诚了。"而父亲会在自己参与的其他政治事务中继续将这份坦诚正直与基本的清醒头脑保持下去。他抵抗过，也熬过了这一切，打消了麦卡锡时代人们对其忠诚度的调查质疑。数十年后，联邦调查局已经累积起了一大摞关于他的卷宗。20 世纪 60 年代，他在 USSBS 的这段经历也能够表明他对轰炸越南的反对立场。

到了 20 世纪 40 年代末与 50 年代，他的阅读兴趣转向组织理论与管理理论，集中在詹姆斯·伯纳姆（James Burnham）、赫伯特·西蒙（Herbert Simon）、阿道夫·A. 伯利（Adolf A. Berle）与加德纳·米恩斯（Gardiner Means）这些人的理论上。他与实用主义经济学家保持着密切的联系，比如英国的尼古拉斯·卡尔多与托马斯·巴洛夫（Thomas Balogh）、瑞典的纲纳·缪达尔（Gunnar Myrdal），再远一些的如日本的都留重人（Shigeto Tsuru）以及苏联的斯坦尼斯拉夫·缅希科夫（Stanislav Menshikov）。在哈佛大学的经济学家中，与他关系最为亲密的朋友是苏联杰出的实用主义者瓦西里·里昂惕夫（Wassily Leontief）。20 世纪 50 年代声名鹊起中的他与米尔顿·弗里德曼也形成了一种友好的学术对垒关系，后来与小威廉·法兰克·巴克利（William Frank Buckley Jr.）也是这样一种关系。政治上，在 20 世纪 50 年代共和党执政期间，他与 1935 年执教过的学生、此后担任过众议员与参议员的约翰·F. 肯尼迪以及 1940 年他在弗吉尼亚州亚历山德里亚市的邻居、时任参议院多数党领袖的林登·约翰逊（Lyndon Johnson）都保持着密切的联系。在 1960 年的竞选中，参议员肯尼迪在出现一次小失败后有一次曾谈到父亲的作用："肯，关于农业政策的问题，我不想听除你之外任何人的说法。但就算从你这里，我也不想再听了。"

父亲赞成殖民地独立，（据近代史记载）曾在 1957 年把阿尔及利亚民族解放阵线（简称 FLN，民阵党）的一位阿尔及利亚代表介绍给参议员约翰·肯尼迪，也曾苦苦反对 1961 年美国对古巴猪湾发动的入侵行动。肯尼迪把他派去印度担任外交大使，他从那里发来一条敦促美国承认中华人民共和国的电报，得到的仅是国务卿迪安·腊斯克（Dean Rusk）一句简短的回应："就算你的观点或许有那么一点道理，我们考虑之后，也已经否决了。"他努力阻止越南战争的发生，从 1961 年作为肯尼迪与约翰逊的顾问时就在私下劝阻，1965 年从事态开始大规模升级时起，就公开表达反战的态度。或许最重要的是，他把核时代的经济生活与生存问题关联了起来，并且致力于在资本主义制度与社会主义制度之间建立连接，以期寻求共存与融合。1963 年，肯尼迪曾问过他是否愿意担任美国驻莫斯科的大使。如果事情是这样发展的——如果肯尼迪没有被刺杀——冷战或许会提前 25 年结束吧！

我父亲既是那个时代的设计师，也被那个时代造就。他参与罗斯福新政较少，但在二战期间大展拳脚，在战后重建的一些事务中也发挥过重要作用，包括德国自治与马歇尔计划的开启。他的理念在"新边疆"政策、"伟大社会"纲领以及"向贫困宣战"政策中随处可见。或许从长远来看更重要的是，这些政策构成了对企业力量的批判，并将新的挑战提上日程——要满足公共需求，保持抗衡力量，保护环境，将女性从战后资本主义作为家庭消费全职管理者的既定角色中解放出来。

他是一位实干家，我也曾这么同他说过。他与美国一同成长，在实践权力的过程中去认识权力。相较而言，他在经济学上的学术思想更加兼收并蓄，博采众家所长，它的形成很多时候具有偶然性，也有人会觉得他不够扎实。这其实是一个很大的优势，因为这能够让他保持清醒与开放的头脑，用凯恩斯在1929年的话来说，就是不会让人"被无稽之谈迷惑"。与凯恩斯不同，他不需要"为了挣脱什么而挣扎很久"。他从一开始就不受教科书般的教条思想的约束，而他的文学成就——《美国资本主义》《1929年大崩盘》《富裕社会》（分别出版于1952年、1955年与1958年）——为他带来的读者数量远非其他经济学家可比。而且他的读者不局限于西方工业世界与民主社会，还包括崛起中的日本、倡导费边主义时期的印度、赫鲁晓夫改革时期的苏联，甚至中国的行政圈（虽然当时我们还没有意识到这一点）。

总而言之，约翰·肯尼思·加尔布雷思的经济信仰是由现实中的实践、政治经验以及亟待解决的问题塑造而成的。归根结底，它们也形成了《权力》一书的基础。他把他所知的权力诉诸笔下，因为他见到过也使用过这样的权力。他的理念有时候会由一些经济学思潮装点，但只在极少数情况下，比如1937年他在剑桥大学接触到了凯恩斯的《就业、利息和货币通论》，当时的学术体系才会给他带来直接的影响。相反，他吸收了很多管理社会学的东西——比如借鉴了韦伯、伯利、米恩斯、伯纳姆以及西蒙的理论——试图把经济学拽进一个力量角逐的时代：企业的力量、计划体系的力量以及抗衡力量与社会均衡的作用。

他没能成功。事实上在 20 世纪的后半个世纪中，经济学界一直对他的理念与工作设置着一道严格的防线。这并不是说人们接触过他的想法之后否决了它，他的理念只是被无视了。人们记得的，或者说误记的往往是他文风中带着的刺痛感，以及他运用意象与隐喻的天赋，这些特点掩盖了他作为一名经济学家的实质。真正的经济学家应该是沉闷无趣的，而且如他们的学生所知，在追求无趣这件事上，他们真的成果斐然——在其他事情上不见得如此。而无趣绝不是我父亲的风格。

"新工业国"的定义

我父亲成为一名全球知名的作家与经济学家是从他在 1952 年至 1967 年间出版的四本著作开始的：《美国资本主义》《1929 年大崩盘》《富裕社会》，以及相隔近 10 年后出版的《新工业国》。这 15 年间他还写过其他作品，包括一本关于价格管控的技术论文《价格控制理论》、一本杂文集《自由派时间》(*The Liberal Hour*)、一本日记《大使日志》(*Ambassador's Journal*)、一部回忆录《苏格兰人》(*The Scotch*)以及两本讽刺小说《麦兰德里斯的维度》(*The McLandress Dimension*)与《大胜利》(*The Triumph*)。这些年也是我父亲政治生涯中最主要的一段时期,从20世纪50年代在民主政策委员会的任职,一直到"新边疆"政策,以及"向贫困宣战"政策与"伟大社会"纲领的设计,还包括在印度两年的外交工作,其中巅峰时刻是他担任美国民主协会的领袖以及在反对越南战争的运动中四处奔走呼吁,也就有了后来尤金·麦卡锡(Eugene McCarthy)参与的总统竞选。一切在1968年苦涩地落下了帷幕。这一年,马丁·路德·金被暗杀,8月召开的芝加哥民主党全国代表大会上民众与警察发生暴力冲突;同年11月,尼克松当选总统。自此,美国自由主义就这样莫名其妙地终结了,而父亲在余生的38年中都在与此抗争。

《美国资本主义》第二版的开篇序言中提出了一个有关资格的问题,也就是说"如果从一场战争中留下的核辐射碎片这个角度来看,即使这是一场胜利的战争,这本书的意义恐怕也不大"。他并不赞同"突发的、大规模的、高烈度的灭绝行为"——这种可能性在父亲的头脑中一直存在。2004年,在他 95 岁时出版的最后一本书《无辜欺诈的经济学》（*The Economics of Innocent Fraud*）中，他在结尾部分也曾重申过这一点。

也就是说，《美国资本主义》是一本关于经济成就的书，写的是二战之后那些年里美国工业体系所取得的巨大成功，是多年来美国在罗斯福新政下的社会和政治上的创新举措所带来的全面繁荣与持续成果，包括社会保障制度、劳动者权益保障、最低薪资限制，以及在工业研发与公共投资的前沿领域，尤其是在高等教育与运输体系中强大的公众影响力。这本书的讽刺与酣畅之处在于，这样的成功让商业领袖与经济保守主义者们不痛快。对前者而言，这种不快是因为他们对社会主义与凯恩斯主义——或者说任何一种他们无法掌控在自己手中的社会秩序——抱有根深蒂固的反对态度。而对后者来说，美国体系可能永远也无法与竞争性均衡的理想或自我调节的自由市场理念达成统一了。反垄断运动也走向了困惑，在一个由快速发展的新工艺、新产品、新技术、新能源所驱动的经济中，从前的反垄断方式显得非常荒谬。而抗衡力量——经济领域的"制衡机制"——就是最实用的答案，也是在自由市场乌托邦以及有问题的、完全的计划经济这两个极端之间走出的一条道路。这本书捕捉到了当时的精髓，如果没有记错的话，它卖出了大约

25 万册。

出版于 1955 年的《1929 年大崩盘》是我父亲在达特茅斯学院图书馆的一个暑期写作项目，如果说他的知识是一匹五颜六色的锦缎，那这本书就是这匹锦缎上新编织进去的丝线。这些丝线在他其后的作品中也反复出现，比如《金钱》（1975 年、2017 年分别出版过）、《不确定的时代》（1977）以及《金融狂热简史》（1994）。这些书讲述的是那些极不稳定的金融机构以及令人哭笑不得的货币与信贷闹剧、资本市场上令人防不胜防的精妙骗局，还有公园大道与华尔街上那些沉醉于睥睨天下、主宰万物之感、极度自我膨胀的精英人士对自我的浮夸认知。《1929 年大崩盘》通过从彼时的报纸中精选出的一些浮光掠影的事件讲述了一个永恒的故事，这个故事随着这本书的出版成为人们永不磨灭的记忆。这本书又一次揶揄了经济学家——对他们来说，金融事件从来都不是导致更深层的"真实"现象或政府不当行为的原因，只是它们的反映。

《1929 年大崩盘》是目前父亲销量最高的一本书，除了1987 年初的几个月外从未停售过，而且就在那年的 10 月 19日美国股市下跌了 1/3 之际，这本书又火速重新上架。我记得那天晚上给父亲打电话时，电话很难接通，但在电话终于接通时，他的话听起来非常令人安心："别担心，我 3 周前就已经套现了。"①2003年我见到菲德尔·卡斯特罗（Fidel Castro）时，他对我说的第一句话是："《1929年大崩盘》! 这是我最喜欢的书! 我的床头柜上就放着这本书。"仅在2009年一年，这本书就售出了5万多册。

接下来就是《富裕社会》（1958）——一本从某种意义上来说是献给我的书，它是父亲所有的著作中对于奠定他在经济学思想史以及20世纪中叶文学界地位的最具决定性意义的一本书。正是在这本书中，"传统智慧"这个表达首次出现，"修正序列"与"社会平衡的问题"得到了定义；也是在这本书中，我们读到了"私人富裕与公共贫穷"的说法。正如阿马蒂亚·森半个世纪后在我父亲的追悼仪式上所说："（读我父亲的书）就像在读莎士比亚的著作，到处都是经典语录! "不过，这本书最有魄力、最重要的地方在于它对新古典主义经济学的核心思想发起了正面抨击，并且为接下来的数十年提出了广泛而具有进步意义的政治议题。10年以后，三名被极右翼军政府囚禁起来的希腊经济学教授选择用点过的火柴棒与虫胶来重新装订这本书——当然还有其他书——并非偶然。那本留下他

---

① 说完这句话之后，他顿了顿，语气也变了。他说："不过很遗憾，你妈妈就没那么走运了。想要把她的家人从爱迪生时代买到的通用电气股票以1美元的价格卖出都很困难。"

们字迹的书的复制件如今还收藏在我的书房中。

《富裕社会》之所以符合20世纪60年代的批判精神，是因为它明确推翻了20世纪人们试图用"主权消费者"将公司资本主义包装成一个"自由市场体系"的努力。他揭露了完全采用微观经济学的荒谬性，而且没有诉诸马克思主义的论述、阶级分析或是辩证唯物主义。父亲对于马克思的态度一直都是尊重但不恭顺。有一次他曾写道："如果马克思完全是错的，他也不可能有这么大的影响力。"或许正是这种与马克思之间的距离解释了为什么《富裕社会》在2018年以前一直没能在俄罗斯出版，而他的其他著作都在苏联时期就出版了。

如父亲所说，对新古典主义经济学家来说，"需求源自消费者的个性"。经济学教科书中所假设的作为消费者的人是这样的：他们痴迷于商品，不喜社交，是单向度的人①，贪得无厌，具有一种在任何合格的心理学家看来都称得上不正常的所谓"理性"。这样的消费者形象构成了新古典主义思想的基本原理，是其理论价值的基础以及由此而来的市场与价格理论的基础。它所表达的是一种纯粹的信条，在任何生命科学中都无法得到解释，是一种用意志微粒来填补空间的伪物理学，让人

---

① 单向度的人指一维的，丧失否定、批判和超越能力的人。——编者注

不禁联想到凡勃仑所说的"大自然不会留下真空"。按照这个逻辑，所有的经济政策都以生产最大化为目标，然后又用人们对原始的、无底洞一般的欲望的迫切追求获得逻辑上的自洽。父亲在1958年出版的书中写道："如果说一个人每天早上一起床就被心魔附身，脑中被灌输的都是对商品的痴迷，有时是丝质衬衫，有时是厨房用具，有时是夜壶，有时又是橙汁，那么有人为了找到能够压制这种欲望的商品而付出努力，无论这样的商品有多么奇怪，我们都有充分的理由对这样的努力大加赞赏。"但如果生产"只是为了填补它自身制造出的空白"，情况就不同了。如果是这样，人"大概需要想一想问题的解决办法究竟在于生产更多商品还是消除一些心魔"。借用凯恩斯的话来说，新古典主义有关主权消费者的观点纯属无稽之谈，任何愿意用清醒的头脑与开放的心态审视此事的未经教导的普通人"听起来都很荒谬"。

无可争议的是，《富裕社会》是有史以来最通俗易懂、读者最为广泛的对新古典主义经济学提出批判的著作之一，同时毫无疑问也是最深刻的一本。因为它对经济学就是有关稀缺性的学科这一核心命题发起了挑战，也由此撼动了消费者追求效用最大化以及企业追求利润最大化的假设基础。不同于琼·罗宾逊与爱德华·张伯伦（Edward Chamberlin）在20世纪30年代提出来的不完全竞争理论,《富裕社会》从单纯的竞争与单纯的垄断之间由来已久的二元之争中脱离了出来。不仅如此,它没有对"完全竞争"持反对意见,也没有把它视作理想情况,因此经济政策的任务并不应当是试着向这种所谓的理想靠拢。因此,反垄断这个"完全竞争"的拥护者们最喜欢动用的工具,也就没有太大意义了。

"在工业产出上拥有既得利益"的公司资本主义与国家社会主义有相似之处,但如今它们之间的关键区别也显而易见。国家社会主义按照相关计划者(总体上)根据投入产出效率所设定的规则来定义与满足人的基本需求,即衣、食、住。他们多数情况下并不擅长劳动力与分销网络的管理,对产品设计的创新也没有兴趣。艺术、建筑、音乐与电影并没有被纳入商业世界。而公司资本主义却认识到了有必要事先对"需求"进行规划、围绕可规划的需求进行产品设计、刺激社会面的竞相效仿,以及构建一个领域相对集中、专注程度与效率较高的生产体系,也就是公司。公司的体量必须大,整合程度必须高,但无须面对在全国范围组织生产的艰巨任务,也无须平衡各方之间的需求。

有了这些相对来说去中心化的单元集中在各个具体的产业领域,并且在相互协调与配合下完成总体有效需求的增长,那种通过"先制造，再满足"来诱导需求的做法所带来的问题就得到了强有力的解决。但这种方式暴露了整个社会体系的空心化，它强化而不是解决了不平等与社会等级的问题，是反民主、弱肉强食的，在压制其他体系方面甚至表现出极权主义的特点。福特汽车的创始人亨利·福特曾说过，T型车是什么颜色都行，只要它是黑色的；美国的民主可以容忍任何社会体系，只要它是资本主义体系。然而，只有当一个体系中资源是便宜的、不平等问题是可以容忍的、忽略环境的代价问题还不大时，这个体系才可能得到繁荣。

父亲曾写道，如果说《富裕社会》是一扇窗，那么《新工业国》就是一座房子。《新工业国》起草于20世纪50年代末，在肯尼迪执政、我们被派往印度的那段时期，稿件就存在一个银行的保险库中，待到全书完稿出版之时已是1967年。那时正是"伟大社会"纲领和"向贫困宣战"政策施行的时代，是越南战争白热化的时代——或许也是美国大公司的力量、军事上的傲慢、战后繁荣和社会进步达到巅峰的一年。也正是在这个时期，"美国道路"达到了名望的巅峰，举世瞩目，有人将它视为榜样，也有人将其视为威胁。让-雅克·塞尔旺-施赖贝尔（Jean-Jacques Servan-Schreiber）在《美国的挑战》（Le Défi Américain）一书中表达了这种矛盾的心情——美国人拥有一种优越的大公司形式，它很快就会取代欧洲的体系。

对经济学界来说，《新工业国》的出版是一个决定性的时刻。它表明了把组织机构置于市场层面之上的必要性，因为科技的深入应用需要一定的分工，产品的设计需要较长的预留时间，为保障销售顺利完成且能够持续实现新产品的销售，需要对具体需求进行管理，为把投资计划与废止计划协调起来，需要对总需求进行管理，而这一切需要靠组织机构——冷血、高效、庞大的组织机构——并且也只能依靠组织机构去实现。概括来说，是组织机构让我们对计划体系的综合管控成为可能，在这个体系中，各个大公司像行星一样被一圈圈中小企业围绕。对于坚持把自由市场视为理想类型的人，父亲在这本书中戏谑地表达了一种不屑："想要研究曼哈顿建筑的人如果一开始就假设所有建筑都是类似的，那么他将很难从现存的褐砂石建筑走向摩天大楼，并且如果他认为所有的建筑都应该像褐砂石建筑一样有承重墙，否则都不正常，他就会给自己的研究造成更大的障碍。"

《新工业国》如实地描述了美国的经济——同时还讲述了它的权力结构、缓和力量与抗衡力量、其政府以及军工复合体。总体来说，书中的描写并没有敌对意味。在父亲看来，这种体系有优势，也有劣势，有缺陷，也有挑战，但在可选择的替代方案中并不包括能够以较低的社会成本实现的乌托邦。他一直都是一个讲究实际的人，对他而言，现实主义理论就意味着要解决现实问题。他从不相信会有那么一天，所有问题都得到解决，无论是当股价永远达到高位的时候（如欧文·费雪在1929年所写），还是当经济衰退的问题与陷入萧条的风险远去之后（如罗伯特·卢卡斯在21世纪初所写）。我们甚至都不必以"伟大的"社会为目标，能够朝着一个"还不错的"社会努力就已经足够了；《美好社会》（1996）也成为他后来一本书的标题。为此，所有切实可行的措施都可以部署下去，包括有实际操作经验的人运用过的方案以及用来稳定价格与薪资水平的管理制度。

父亲的思想来自直觉，也来自信念的演进。他既不是革命派，也不信奉商业周期那一套，更算不上一个均衡理论家。他书写的是他所处的时代，也就是战后美国的工业企业体系时代。他明白辉煌会稍纵即逝，实际上高寿的父亲在他的有生之年也确实亲眼见到了自己笔下的世界逐渐瓦解。但这一切不会影响他的作品所具有的分量，就像苏联的消失不会让当初人们对它的研究贡献失去意义一样。不过对于主流的学院派经济学家来说，实际情形是什么样不重要，构建长远的平衡态才重要，因此他们寻求的是学术观点的不朽，而具有发展思维的人并不这么看。对于后者来讲，代价就是真实世界中的历史阶段都是转瞬即逝的，当每一个具体的历史条件时过境迁之后，他们也会被人遗忘。《新工业国》也是如此。尽管它是有史以来读者最为广泛的经济学文本之一，却也在20世纪90年代停印，及至我父亲2006年去世之时，这本书已然难觅踪迹了。后来这本书重出江湖，不过有好几个版本，其中包括普林斯顿大学出版社的一个版本以及美国文库系列的一个版本。据称，他们会保证这本书从此往后一直留在市场上，留给子孙后代。如今，这本书再一次来到了中国。

站在遥远的50多年后，想要去重现《新工业国》对美国政治文化的影响以及它对成熟经济制度的威胁并不容易，更别提过分夸大这种效果了。当年，这部著作是由自马克思去世以来拥有最广泛读者群的经济学家之一，在彼时世界上最强大的国家，站在学术名望的顶端所发出的声音。在某个平行宇宙中，经济学界或许会干脆收缩，遵循父亲的理念走上一条全新的经济发展道路，一条以大型组织机构为主导的、世界所适合的道路。或者，它也可能会遇到熊彼特阵营创新理论的挑战，接受大型机构存在的现实，也承认自己的问题，但拒绝使用解决它们的工具——这几乎是一种"法西斯式"的回击。再或者，经济学界也可以更加决绝地坚持其固有的信仰，干脆否认摩天大楼与褐砂石建筑之间存在本质上的区别。

被选择的是最后一种方式。随之而来的是它装腔作势自诩为科学的惊人姿态，是对复杂玄奥的数学公式不可自拔的执迷，以及试图由此将父亲逐出经济学界的意图。如此一来，学院派经济学就退回到了由晦涩的、形式化的模型，教条的政策规则以及互不连贯的知识所构成的幻想世界，背后潜伏的到处是政府的说客与幕后的金主。货币主义、供给学派以及后来的理性预期经济模型可以说是你方唱罢我登场。最终，这个学科一步步把自己封闭了起来，基本上停止了与广大读者的互动，只留下自己的二级代表去执行那些既定的教条政策。这样的故事既沉闷又乏味，在此我便不再赘述了。

进入不确定的时代

让我们以《新工业国》为起点看一看经济生活在过去50年间发生了怎样的变化，因为在20世纪70年代，美国的大公司体系以及美国通过它所展现出来的绝对全球力量已经开始松动。我的父亲察觉到了这一点，这种不祥的预感在某种程度上也反映在了那10年间父亲参与制作的一个大项目上，也就是BBC（英国广播公司）的一个系列片以及由此而来的一本书——《不确定的时代》。这档节目在全球范围赢得了高度赞誉，收获了一大批观众，但同时也激起了各方的强烈反应。美国公共广播系统（The Public Broadcasting System）在加入了由威廉·F. 巴克利（William F. Buckley）组织与主持的保守主义反对观点后才播出了这个系列片。米尔顿·弗里德曼更是筹资制作了一档自己的电视节目《自由选择》来进行正面回击。各路专业经济学家步步为营，想要让父亲这样的人再无转圜之力。在这一点上，他们可谓战果辉煌。父亲这个务实主义者给不切实际的思想造成了致命的威胁。

以下是这个不确定的时代渐成气候的过程中所发生的一些最关键的转折事件，包括发生在那个电视片与那本书之前与之后的事件。

- 在美国诸多造成不稳定因素的政策（尤其是介入越南战争）带来的压力之下，在德国和日本的恢复与崛起将美国置于越发不利的竞争环境之后，1944年以稳定战后货币为目的而建立的布雷顿森林体系于1971年崩溃。
- 资源，尤其是石油的成本在20世纪70年代一路上涨。这一局面破坏了美国工业企业的成本结构，再加上更高且不稳定的利率和周期性的经济衰退，给企业带来了巨大的财务压力。

- 与美国形成竞争的其他工业计划体系提供了更适应科技发展的新环境，它们正在崛起，特别是日本，包括稍晚一些的韩国以及后来的中国。它们提供的低成本日用消费品提高了人们的实际工资，导致美国的货币薪资水平出现了天花板，给劳动收入占比的提高带来了压力。

- 1979 年至 1982 年间的金融改革政策摧毁了工业联盟及其所服务的商业公司，让国际美元起死回生，最终建立起了这个我们如今所生活的以金融为主导的世界。

- 直接来自国家与军事研发部门、与其密切关联的科技职能经过结构重组成为拥有独立资本的高价值企业，虽然它们曾经是大型综合工业公司的一部分，之后实际上却成了其掠夺者与寄生者。

- 20 世纪 80 年代初发生了全球债务危机，不出人们对后殖民时期的猜测，全球经济发展陷入崩溃，伴随而来的是 80 年代中期资源价格的暴跌与 1991 年苏联的解体，终结了 70 年来美国与另一种社会制度之间不曾松懈的较量。

- 美国呈现出一个技术金融国的特点，其经济繁荣带沿东西海岸分布，全球贸易结构进入了"大怪兽米诺陶"①
［瓦鲁法基斯（Varoufakis）提出，2011］阶段，这是一
种主要通过私人债务来驱动经济发展的私人消费经济，
以住房贷款、汽车贷款、信用卡以及助学贷款为甚，经
济增长成了不可持续的、腐败的借贷行为的产物。

· 2007—2009 年，大规模的金融危机爆发，其后全球经济
  增速放缓，投资陷入低迷，公共资本形势恶化，贫富分
  化悍然加剧，经济失去保障，幻灭感笼罩了世界，只有
  还在有效发挥作用的社会福利中央机构能让收入问题稍
  加缓解。

　　布雷顿森林体系是在英国（与法国）没落、冷战形势迫近
之际，于 1944 年建立起来的一个体现着美国霸权体系的总体
金融框架。它以美国工业的霸主地位及其对"自由世界"中
黄金供应的有效主导地位（如果不是垄断的话）为前提。因
此，布雷顿森林体系永远无法承受德国与日本的经济复苏、美
国产业公司的全球化以及在越南战争的催化下美国无限期滑入
贸易逆差的局面。《新工业国》问世仅 4 年后，就在滞胀的出

①　米诺陶是希腊神话里的怪兽，瓦鲁法基斯以此来比喻美元与黄金脱钩、布雷
　　顿森林体系解体后这段时间，美国在全球资本循环中的角色。——编者注

现——通胀率与失业率同时上升，一个此前被认为不可能发生的现象——令麻省理工学派的凯恩斯主义者对他们通过微观手段管理宏观经济的信心遭到撼动之时，尼克松关闭了黄金兑换窗口，将美元贬值，宣称自己"在经济上是一个凯恩斯主义者了"。父亲对此次价格管控的实施表示赞成，认为这是对实际需求做出的必要让步，但这种思想上的胜利却是一种皮洛士式的惨胜①。尼克松的目标是短期的、服务于政治诉求的、损他而利己的，也是成功的。

1973年与1979年的油价冲击与政治事件（1973年埃及与以色列的战争以及1979年的伊朗革命）有关，但从某种程度上反映出美元的衰落，因为石油就是以美元来定价的。石油价格的问题传导到美国国内表现为通货膨胀，刺激美国以提高利率作为应对之策。这一系列操作令当时正在失去活力的美国工业股本雪上加霜，将成本优势拱手让给崛起中的德国、日本（以及后来的韩国），让它们得以将运输过程以及库存的成本降到最低。这样的结果造成了工会的没落，给美国的抗衡力量造成了沉重的打击，同时也拉开了五大湖区域工业衰退的序幕，严重撼动了美国社会民主主义的政治根基，也就是汽车工

---

① 源自希腊神话，形容一种特殊的胜利，即虽然赢得了胜利，但付出的代价太大，以至于可能比失败更糟糕。——编者注

人、机械工人、钢铁工人与橡胶工人等群体，这也是 40 多年以后唐纳德·特朗普得以上台的原因。

而与此同时，其他遵循计划体系的国家，特别是德国与日本，却在战后的去军事化时期，在罗斯福新政启发下的社会民主主义下，在获准进入更大的市场（欧洲之于德国、美国之于日本）之后，得到了长足的发展与繁荣。这两个国家从未放弃过加尔布雷思理念式的大公司体系，也没有摒弃过能够让企业远离管控欺诈、官员私有化、劫掠与自我毁灭的抗衡力量。因此它们得以发展壮大，最终不仅在第三世界国家的市场中取代了美国的主要工业，也在美国市场做到了这一点。这种局势可以通过配额手段，也就是人们所说的"自愿出口限制"，在一定程度上进行管理，但它只会带来一些更反常的结果，也就是把新入场的市场玩家推向更高质量、更高成本，同时有更高利润的市场领域，让它们随着收入的增加成为市场的主导。

由保罗·沃尔克（Paul Volcker）在 1979 年发起、罗纳德·里根于 1981 年上台之后给予支持的金融改革方案加速了这些变化。它摧毁了公司与工会、重振了美元、加剧了贸易逆差、降低了税率，也由此给公司管理者带来了极大的动力去重新分配收益，特别是分配给自己的收益。一个由组织机构形成的经济体系被寡头经济取代；工业力量衰微，金融力量崛起，随后就有了建立在全球化制造体系与私人债务基础上的消费繁荣，辅以公共债务支撑的军备重整。如此一来，从金融力量中取得的繁荣可以（并且已经）被转化为购买力，只不过它建立在一个收入差距日益加剧的不稳定基础之上。

随着控制权转向金融领域，工业领域进行了重组，将其科技部分剥离出来并集中精力进行发展，以便吃数字革命的红利，同时也难免把金融财富集中在那些掌控着科技的人手中。如此一来，美国的整个空间布局也出现了变化：加利福尼亚（及西部）崛起，成为美国的科技中心，与东海岸的金融中心遥相呼应，两地之间的地域成为"经飞地带"（flyover country）。具有世界主导地位的美国产业如今是最为先进的，它们大多数与美国军工有着密切的关系，比如信息科学、通信技术以及航空航天技术。就在美国的财富中心吸引并促进了社会自由主义者以及自由主义改革派，给如今已经脱离了产业工人阶级的民主党带来新的政治基础之际，又一次政治变革随之而来。当年作为里根政府"票仓"的加利福尼亚州现已成为民主党最重要的一个大本营。而对于传统的工业企业来说，失去科技的加持就意味着它会进一步陷入相对的衰落。苹果公司成为一个市值上万亿美元的大公司，而通用电气与IBM（国际商业机器公司）

却举步维艰。

那场金融改革推翻了全球数十年来的工业化发展，迫使世界上大部分国家对美国这个拥有稳定的全球购买力与金融风险防范能力的市场产生了新的依赖。商品价格与制造商崩盘，影响并最终摧毁了苏联，与此同时，美国的消费品市场向冉冉升起的中国打开了大门。苏联解体之后，哈耶克、弗里德曼与萨缪尔森的追随者入局。价格管控放开，工业生产崩塌，由此造成的人类灾难就其对生活的影响而言不亚于爱尔兰大饥荒与《凡尔赛和约》。俄罗斯用了20年的时间来恢复元气，而前苏联的某些区域，比如众所周知的乌克兰，再也没能翻过身来。

反观中国，它从来没有沦为新自由主义时代所谓正统观念的牺牲品。实际上，中国在转型过程中取得的某些成功，与父亲对某些具体价格如何对宏观经济发挥作用的理念是一致的，尤其是那些不同于物价总指数、能让普通消费者亲眼看到的商品价格。而宏观经济确切来说是个极易发生通货膨胀的事物，说得再深远一点，是个既能铸造信心，也能摧毁信心的东西。对中国来讲，大米、面粉与食用油的价格是关键；对美国来说，关键的是天然气价格与利率。通常价格的调控都是往上走的，只有极少数情况下会向下调整，而且一旦出现价格下调，人们往往会把它视为经济萧条的预兆，因为它造成的直接结果首先是生产商成本的沉没。而价格的上升如果快到足以让人们有所察觉，就会导致挤兑、投机、囤货以及其他扰乱社会秩序的行为出现。不仅如此，它还会导致政府难以销售债券，尤其是长期债券。这一切对中国来说都是显而易见的。

中国自 1949 年以来就一直在奉行稳定价格的策略，（正如前文中提到的）中国人曾阅读并研究过父亲的价格管控理念。他的影响力延伸到这么遥远的国度是我在 20 世纪 90 年代被中国国家计划委员会聘为宏观经济改革项目首席技术顾问之时才慢慢意识到的。在中国取得成功的同时，美国工业公司却开始变得衰微，这一点自不待言。但或许也可以这么说——如果我可以满怀对父亲的骄傲这么说的话——放眼望去，在 21 世纪的工业大地上，三个发展最快的国家，即德国、日本与中国，此外还有奥地利、韩国以及少数其他国家，都是研究过加尔布雷思主义的国度。

如今的美国经济中，价格机制落入了自由市场之手，通货膨胀率全在美联储的一念之间。美国更大的信心在于它的科技水平以及由军事力量保驾护航的金融实力。这是一个不平衡、不稳定的系统，它所依赖的是转瞬即逝的发展活力与变化无常的私人债务。就在 21 世纪初，美国已经暴露出了军事力量投射上的力不从心。在现代社会中，决定性的优势往往取决于本地的人口与防御技术。伊拉克与阿富汗还在继续凸显这一事实，叙利亚近来也把这一点展现得淋漓尽致。于是，美国现在拿起了金融武器——关税与制裁。但这些做法除了会导致世界金融制度最终发生改变，还能带来些什么？如今美国金融在体量与稳定性上仍然保持着优势，但又能保持多久呢？在这一领域中，事态正在急速发生变化，或许过不了多久我们就能够找到答案了。

近年来，美国民众陷入了深深的担忧，他们内心惶恐，愤怒与日俱增。经济发展放缓是一方面，气候变化是另一方面，这些都是悬在我们所有人头顶之上的艰巨挑战。当人们知道他们是可以被牺牲掉的那些人时，他们会反抗。《不确定的时代》所描述的世界并没有消散，反而成了我们将要长期面临的环境。简而言之，恰恰是因为约翰·肯尼思·加尔布雷思的思想在这个国家被置于晦暗之中，这些问题才大量滋生，这给我们勾画出了如今的方向所蕴藏的危险。在世界上的其他国家，他还有大量的读者存在，这些国家或许会发生不同的故事。至少，这是作为他儿子的我所希望的。

来自金钱的教训与预言

金钱把人类能够犯下的极致蠢事借由某些人之手集中在了一起,比如银行专家、央行官员、投机分子,还有政治人物以及听命于他们,或至少看起来像是听命于他们的学者、教授。没有什么比整理这些脉络能给父亲带来更大的乐趣了。因此《金钱》这本书将一段人们喜闻乐见的金钱史掰开了、揉碎了,并讲述给大家。

《金钱》讲述的是一段严肃的历史,不过它并非一部原创性研究著作。它是以我父亲广泛的阅读、批判性的思维、敏锐的判断为基础,以他的经验与当时所能收集到的信息来源为依据所进行的叙述。书中讲述的内容并不局限于美国,但是以美国的金钱史为主,从殖民时期一直讲到 20 世纪 70 年代初布雷顿森林体系的终结。在美国之外的地区,约翰·劳(John Law)与凯恩斯在金钱史上扮演了极为重要的角色;苏美尔人以黏土制作的货币当时还不为人所知,21 世纪的泼天灾祸也还未发生。令人遗憾的是,我父亲不是研究中国纸币与银子使用史的学者,对有可能用作货币的其他东西也没有做更专业的研究。

话说回来,北美洲独特的地域范围与政治形态也让这个大洲在有关货币、银行业、欺诈与灾难的编年史中有了特别的一席之地。这片偏居地球一隅、治理结构原始的早期殖民地形成了自己的模式：起初这里以贝壳（一种海贝壳）串珠为交易媒介，以河狸皮为货币储备。在南方，烟草作为交易媒介出现以后，格雷欣法则以一种温和但又恶毒的方式开始显现了。

此后为了给革命与战争筹集资金，纸币在美国（独立战争时期的"大陆币"以及南北战争时期的"绿钞"），还有法国以及后来的俄国出现了。我父亲曾写过，这些纸币在当时的历史时期并没有得到充分的认可，尽管它们确实行之有效、不可或缺。美国在 19 世纪初向银行业这个古老的金融机构挑起了政治战争，时至今日这种银行战争也依然存在，只不过胜出的从来都是银行。

政府发行纸币，银行签发信贷：好也罢，坏也罢，这正是创造货币的两种途径。银行从本质上来说是不稳定的，因此金融问题不可避免会出现。教科书中描述的童话世界是这样的：充满智慧的央行专家为了控制通货膨胀会非常小心地掌握纸币发行的节奏，同时"现实"中的经济会进行自我修正从而实现充分就业。这样的描述在真实世界中完全站不住脚。当时间从 19 世纪进入 20 世纪之后，尽管政府已经变得更加成熟，对经济理应有了更深的理解，但一切并没有变得更加稳定——事实上，不稳定性反而大大加剧了。出现在我们这个年代的各种灾难都证明了我父亲对前景展望的调侃与怀疑都是合情合理的。他没能看到2008年全球金融危机的爆发，不过就算看到了，他也不会觉得意外。

他曾认为英国于1925年以战前平价回归金本位制"是近代以来最具破坏性的货币政策"，这一论断放在如今来看，说得为时过早了。欧元的创立，以及在没有有效联邦机构的情况下将希腊、西班牙、葡萄牙、意大利、芬兰以不可思议的平价纳入欧元体系的做法导致了看不到头的经济萧条，如今又对各国不亦乐乎地玩起了制裁，这种玩火自焚的做法更使得局面雪上加霜。

在货币问题闹出的荒唐事上，美国一向无出其右。谈到这一点，有人或许还会谈到1999年《格拉斯-斯蒂格尔法案》的废止与2000年信用违约互换产品的合法化这两件发生在比尔·克林顿任期内的事，还有乔治·W.布什任期内对银行管制的放开，以及贝拉克·奥巴马时期权力与市场份额向头部银行集中。其中，前两任政府合力制造了有史以来最严重的金融风暴，而第三任政府却确保经济复苏带来的好处又回到了当初制造这些惨剧的机构中。

1945年以来，特别是1981年以来，美国一直以各种短期与长期国债的形式向全世界签发储备资产，沉浸在这种"超级特权"中。美债成为全球的金融财富，强劲的美元也奠定了美国人生活水平的基础。与此同时，美国的工业产能、基础设施、技术与人力资源以及社会凝聚力却在逐渐削弱。就像《浮士德》所说：自古以来，赊购来的权力是要以这个国家不朽的灵魂为代价的。

前言

约 40 年来，我在思想上，甚至在某种程度的实践中，始终致力于权力这一课题，这比我预想的时间要长。在第二次世界大战期间，由于我负责控制美国的物价，所以许多人认为我处在权力的中心，这个职位给人们的权威印象胜过我的真实感受。而其他时间，当我做其他工作时，我则处在权力的边缘位置，这个位置有利于我进行观察，而不会影响他人。在写作方面，我的第一本书是《美国资本主义：抗衡力量的概念》（*American Capitalism: The Concept of Countervailing Power*），在这本书中，我认为对权力的反抗是化解经济权力的主要方法，也是防止权力在经济领域发挥作用的根本途径。之后，在《新工业国》（*The New Industrial State*）一书中，我再次将权力作为中心议题，我认为这本书和我其他有关权力的论著是我在经济学领域论证研究的主要成果。1978 年，我在美国经济学会以会长身份发表了题为《权力与有价值的经济学家》（Power and the Useful Economist）的演讲。在该演讲中，我主张经济学如果不把权力的作用纳入考量范围，它就是毫无意义且无根据的。在不那么正式的场合中，我也曾十几次甚至更多次提及这个问题。我几乎没有见过任何探求这一问题的解决方案的文章，如果真有的话，那也是从实用角度加以论述的。我曾想过把这本书视为一篇扩展性论文，书中的内容来自我的经验、阅读和写作，是我综合思考后的结果。我并不打算在这本书中囊括有关这一问题的全部内容，只是想谈谈我对这一问题的看法。

多年来，我逐渐意识到，在涉及经济权力、政治权力、军事权力、宗教权力，以及报刊行业、电视和公众舆论所拥有的权力的文章中，通常都存在某些共同因素。由于我们日常所见的这些文章并没有阐明潜在的恒定不变的因素，因此它们所隐藏的内容，往往跟它们所揭示的内容一样多，甚至更多。我始终致力于将这些恒定因素全部揭示出来，一方面指出人格、财产和组织等权力来源，另一方面考察权力行使或强制行使的手段。我希望，我的读者最终能够对"权力"一词的内涵及其在特定的经济、政治或其他热议问题中的含义，有更清晰明确的认识。

由于撰述的是权力问题，所以我阅读了相关的著作，而这些著作就是我这里列出的参考文献的一部分。马克斯·韦伯、伯特兰·罗素以及小阿道夫·A. 伯利（Adorf A. Berle, Jr.）的思想让我受益匪浅。伯利是罗斯福智囊团中才华横溢的一员，同时也是外交官、律师和作家，并撰有多部有关社会、政治和经济问题的著作。正是伯利激发了我对这一问题的兴趣，他在这方面对我的影响比任何人都要大。我还受益于 C. 赖特·米尔斯的经典之作《权力精英》（*The Power Elite*）、查尔斯·S. 林德布洛姆（Charles S. Lindblom）① 的《政治与市场》（*Politics and Markets*）、我的朋友华莱士·C. 彼得森（Wallace C. Peterson）的诸多经济学著作，以及最近出版的几本十分有趣的著作，比如理查德·桑内特（Richard Sennett）的《权威》（*Authority*）和丹尼斯·朗（Dennis Wrong）的《权力论》（*Power*）。此外，还有一些著作也使我获益匪浅。和其他人一样，我对于一些较早积累的知识并非总能记得很清楚，对于那些不太有用的观点反而记得更清楚些。我认为我一直深受马基雅维利（Machiavelli）的影响，然而长期以来我却始终怀疑马克斯·勒纳 ② 的观点，因为他的观点常被那些根本没读过他著

---

① 此处为作者笔误，应为查尔斯·E. 林德布洛姆（Charles E. Lindblom 或 Charles Edward Lindblom）。作者所提及的这本书全名为《政治与市场：世界的政治−经济制度》（*Politics and Markets: The World's Political-Economic Systems*）。——译者注

② 马克斯·勒纳（Max Lerner）是美国著名的作家和教育家，曾为马基雅维利的多部著作写过导言。——译者注

作的人引用。

诚然，我一直都对权力问题十分感兴趣，但我绝不会说我看过所有关于这一问题的著述。人的一生毕竟有限，不可能读完所有的书，而我也确信我错过了很多书。每个人在谈到有关权力的问题时，都应注意自己的言论。

那些探讨权力相关问题的作者，很多都在自己的著作中显露出了广博的学识和杰出的智慧，然而他们却存在一种倾向，即被权力问题牵着鼻子走，最终将这一问题复杂化和主观化。我们能够理解这些作者无法抵御这种诱惑的原因。一来复杂性和主观性可以保护作者免受批评，因为到时可以辩称批评者没有抓住要点，二来，它们甚至还可以用来避免对一些晦涩的问题费力地进行阐释。但同时复杂性和主观性也掩盖了真理，它们取代了对问题实质进行清晰透彻解读的观点。而我则一直致力于向读者传达这样的观点，我始终力求做到将权力的来源和行使手段展现在读者眼前。出于这一原因和自身能力的限制，我刻意回避了对一些问题的深入阐述，比如我之后会提到的法院在制约权力方面所扮演的角色。此外，我也在行文中重复了那些有利于我的论证和阐释的内容。我有意这样做，是希望能够剥开表象把对权力的解析清晰透彻地展现在读者面前。

第 1 章

权力概述

这一主题并不是……遥不可及的、深奥的或者晦涩难懂的。

——小阿道夫·A. 伯利《权力》

1

很少有词语能像"权力"一词这样，几乎不用思考其意义，却又被频繁使用，在人类历史的各个时代皆是如此。权力同王权和荣耀相联系，被认为是对至高无上者《圣经》式的赞誉，至今仍有成千上万的人每天和它打交道。伯特兰·罗素相信权力和荣耀是人类最高的追求和最好的奖赏。[①]

很多人在谈话时都会提到权力。人们讨论总统或总理是

[①] "在人类无尽的欲望中，对权力和荣耀的欲望是最主要的。"——*Power: A New Social Analysis*, New York: W. W. Norton, 1938, p. 11.

否拥有足够的权力，讨论其他的政治家是否拥有权力。人们认为公司和工会拥有强大的权力，跨国公司尤其危险。新闻出版商、广播网络中的翘楚，以及这些机构的能言善辩、思维开阔、才华横溢甚至声名狼藉的编辑、专栏作家和评论家，都被认为拥有权力。过去，人们认为比利·桑戴（Billy Sunday）牧师的言论具有权威性，而如今人们给予葛培理（Billy Graham）牧师的言论同样的评价。此外，杰里·福尔韦尔（Jerry Falwell）牧师的言论也掷地有声，他作为道德领袖看起来的确拥有一定的权力，但也有人认为他拥有权力给道德抹了黑。

人们仍旧不断地提及权力。美国是一个幅员辽阔的大国，此外，就其他方面来说它也是一个举足轻重的大国。苏联亦如是。然而正是它们所拥有的权力引起了世界各国对它们的普遍关注，使它们成为强国或超级强国。英国也曾是一个强国，现在实力却有所下降。众所周知，近来美国在工业的某些方面已经输给了德国和日本。以上提到的这些以及其他无数关于权力的讨论都被认为是理所当然、不需要解释的。无论使用的词语多么复杂，读者或听众都被假设了解这些词语的意义。并且，毫无疑问，读者在某种程度上的确明白。

马克斯·韦伯（1864—1920）是德国社会学家和政治学家，

尽管他十分着迷于权力问题的复杂性，但他同时更乐于给权力一个更易于人们理解的定义，即权力是"将一个人的意愿强加于他人的行为之上的可能性"[①]。这一定义已基本成为人们的共识。一些人或团体将自身的意愿强加于他人，即使对方对此并不情愿甚至抱有敌意。这种将自身意愿强加于他人以达到相应目的的能力越强，其拥有的权力也就越大。正是人们对权力达成的这种共识，使得当人们论及权力时似乎并不需要给它下一个定义。

然而权力并非如此简单易懂。几乎所有提及权力的论述都没有提到其中最有趣的问题，那就是人们究竟是如何将意愿强加于他人并且让对方默许这种行为的。是什么深层力量使人们甘愿屈服于权力，放弃自己偏好的选择而接受他人的选择？是体罚的威胁、对金钱奖励的承诺、说服或其他因素吗？任何提及权力的论述都应当明确这一问题。并且我们应当知道权力的来源，即那些行使权力的人和那些屈服于他人权力的人之间究竟存在什么区别。无论是在大事上还是在

[①] *Max Weber on Law in Economy and Society*, Cambridge: Harvard University Press, 1954, p.323. 见于 Reinhard Bendix, *Max Weber: An Intellectual Portrait*, Garden City, N.Y.: Doubleday, 1960, pp. 294-300. 韦伯在其他地方关于权力的描述为：权力是一个或多个人"了解自己在一项公共行为中的意愿，并反对这一公共行为中其他参与者的意愿"的能力。

小事上，那些掌权者行使权力的依据是什么？又是什么原因使得其他人接受掌权者的统治？本书要解决的就是这些问题，即权力是如何被行使的，又是什么使权力行使的方式得以实现。

2

权力行使的手段及其合法性来源之间存在复杂的联系。一些权力的行使有赖于其隐蔽性，这种权力的行使者并不直接面对权力的服从者。而在现代工业社会，用来使他人服从于某些人意志的手段以及实现这种行为的能力来源都在经历剧烈变化。许多关于权力行使的观点，在过去被认为是对的，现在已经过时了。

尽管如此，阿道夫·伯利的研究表明，权力并不是一个生僻或晦涩难懂的事物。任何人在探究权力时都不应将其视作只有专家才能洞悉其本质的神秘事物。人们对待学识往往存在一种定式，那就是并不寻求扩展知识的范围，而是尽力排除未知事物。我们不应该向这种定式屈服，更不应在关于具有如此重大实践意义的事物的问题上向这种定式屈服。关于权力的所有结论都能通过被大众广泛接受的历史证据来进行验证，而且大多数结论也能用日常观察以及简单的常识来检验。对权力的解析将有助于你一开始就在脑中拥有关于权力的基本知识并且其后对其本质产生清晰的认识。

3

长期以来，权力都遵循"三"原则。权力的行使有三种手段，三种制度或特性赋予了权力行使的合法性。

对权力相关问题的分析有多么匮乏，单从权力行使的三种极其明显的手段尚未拥有被广泛接受的名称就可见一斑。这些手段必须被命名，我将它们称为惩戒权力（condign power）、补偿权力（compensatory power）和定调权力（conditioned power）。

惩戒权力赢得服从的方法是，通过对个人或集体的偏好强加一个令人极其不快或者痛苦的替代选择来迫使其放弃偏好。在这个过程中有对惩罚的暗示，并且这种暗示发挥了其应有的影响力。[1]毫无疑问，做苦工的人当然希望能够避免辛苦的劳作，但是如果他在划桨时装病偷懒，那么他将会受到鞭笞，这种预期的痛苦足以迫使他在工作时投入必要的努力，即使这么做也很痛苦。在不那么可怕的情况下，个人克制自己的想法而接受他人的观点是由于不这样做的话预期的非难会非常严厉。

　　惩戒权力通过施加惩罚或威胁来使对方屈服并相应地改变结果。相反，补偿权力通过给予积极的奖励——给予臣服的个人以有价值的奖励来使对方屈服。在经济发展的较早时期，以及初级的农村经济中，补偿的形式多种多样，包括给予实物和特殊的权力，如获许在一小块土地上耕作或者分享土地的产出。个人或者公众的指责非难是惩戒权力的一种形式，褒奖则是补偿权力的一种形式。在现代经济中，补偿权力最重要的表现形式自然是金钱奖励——付钱来回报获得的服务，这也可以看作

---

① 我在选择和使用"惩戒权力"这一词语时，对原意进行了一些改动。根据词典规定的严格用法，condign（意为"应得的"）同 punishment（意为"惩罚"）之间是形容与被形容的关系。从广义上说，一项应得的惩罚是一项恰如其分的或与行为相称的惩罚。如果有人一定要求严谨甚至迂腐的定义，那么这里及之后提到这个词的地方都应该为"应得的惩罚"（condign punishment）。我有意这样使用是基于这样一种观点——你为一个词选择一个意义，那么他人"恰好"就能理解这个意义。这种观点最早是由刘易斯·卡罗尔（Lewis Carroll）提出的。丹尼斯·朗在其著作《权力论》一书中用了另一个引人注目的提法叫"强制性"权力。他在书中关于强制性权力的描述总体上与我对惩戒权力的描述大同小异。然而，他对权力手段的具体描述较少，而恰是这些手段使个人（或集体）屈服，从而带来顺从。

一些人对经济或者他人意愿的屈从。有时，当人们提及金钱奖励时，其中暗含一个更确切的含义，这将在下文进行讨论。

惩戒权力和补偿权力的共同点在于服从于权力的个体都意识到了自己的服从行为——前者是被迫服从，而后者是为了获取奖励而服从。定调权力则不然，其通过改变信仰来达到目的。劝说、教育或者社会承诺等看起来自然、应当或者正确的因素促使个体听命于他人。这种服从决定了首选的行为方式，而个体却没有意识到自己服从的事实。我们应当认识到，在现代经济体和政体的运作过程中，定调权力比惩戒权力或补偿权力更为重要，这一点在资本主义国家和社会主义国家都适用。

4

在权力的这三种行使手段背后是权力的三个来源，即用于区分权力行使者和服从者的属性或规则。这三个来源是人格（personality）、财产（property，当然包括可支配收入）和组织（organization）。

人格是在日常讨论中最经常被提及的来源，主要指身体素质、意志品质、口头表达能力、可靠性或其他个人品质，这些品质使其能够行使一个或多个权力手段。在原始社会人们通过强健的体格来实现惩戒权力的行使。在一些家族或年轻群体中，身材较为高大、体型较为健壮的男性依旧保留着这种权力来源。然而在现代社会，人格同定调权力，即劝说或创造信念的能力之间存在着基本的联系。

财产或财富同当局的决策走向、目的的确定性共同发挥作用，可以实现人们对定调权力的服从。但是很显然与其发挥协同作用的主要是补偿权力。财产为收买他人服从自己提供了必要的资金。

组织是现代社会中最为重要的权力来源，其同定调权力之间存在着最重要的关系。人们理所当然地认为当需要行使一项权力时就需要有一个组织。其过程为建立组织，然后进行必要的劝说，最终使他人屈服于组织的目的。然而，组织，比如国家，也能行使惩戒权力，即可以实施多种多样的惩罚。而有组织的集体或多或少能够通过其创造的财富来行使补偿权力。

总而言之，由于权力行使的三种手段同权力来源之间存在着至关重要但并不一一对应的关系，所以权力的来源及其相关的行使手段之间存在很多种组合。人格、财产和组织三者相互结合存在许多优势。由此，在行使权力时也产生了权力行使手段的多种组合方式。本书的主要任务就是在任一特定的权力行使过程中，孤立分析权力的来源与行使手段，评估它们的相对重要性，以及思考其相对重要性随着时间推移所发生的变化。

在基督教形成初期，权力来源于救世主引人注目的人格。一个组织——使徒社，很快就建立了起来，而随着时间的推移，教会成为全世界最具影响力和最持久的组织。

不仅仅是其权力来源于救世主的人格，其财富和收入也来源于此。人格（上帝和许多宗教领袖所拥有的人格）同财产及独特的组织之间的结合产生了具有约束性的信仰、圣俸或报酬，以及现世或来世应得惩罚的威胁，这些集合在一起共同构成了宗教权力。这一复合体中包含了非常复杂的因素，然而在很大程度上，这一模式掩盖了这些因素。政治权力、经济权力、公司权力、军事权力和其他类似的权力，都以类似的方式深深地隐藏了同样复杂的相互关系。当它们被提及时，其内部性质并没有被深究。[1] 我现在关心的是这些常被隐藏起来的信息是什么。

我们首先讨论权力行使手段，然后探讨权力的来源。之后我们要探究权力长期以来的演变过程及其现状。但在那之前，有必要讨论一下人们寻求权力的目的以及寻求权力的方式。

---

[1] 其他学者也认同这一点。"整个社会科学领域中大概没有哪个课题比权力在经济生活中的作用更为重要，同时也没有哪个课题被忽视的情况如此严重。"Melville J. Ulmer, "Economic Power and Vested Interests"，收录于 *Power in Economics*，edited by K. W. Rothschild, Harmondsworth, Eng.: Penguin Books, 1971, p. 245.

5

正如权力常为人们所提及，人们寻求权力的目的也很容易被感知，但是很少被明确地表达出来。个人和集体寻求权力以增加自我的利益，尤其是金钱利益。同时也提升其在他人心目中的个人、宗教或社会价值，并为自身在经济或其他社会公共利益方面的观点赢得支持。商人获取工人服从以满足自己的经济目标，即赚钱。宗教领袖说服其教会信徒或广播电视受众，因为他认为他们应该接受他的信仰。政治家寻求选民的支持，或称为服从，以获得连任。相较于污染的空气，环保主义者更喜欢清洁空气，他们致力于使汽车厂商遵从其意愿，而后者则希望赢得服从以降低成本、减少法律约束。保守党力求使人们认同他们对经济和社会秩序的看法以及相关行为，自由党则希望人们认同自己的观点。在以上所有情形以及之后的章节将详细叙述的案例中，组织作为一个拥有相似利益、价值观或看法的人的集合体，将会赢得这样的服从并行使权力。

人们时常在日常对话中探讨权力行使的原因。如果权力行使的原因被归结为个人或一个集体的利益，那么他人就会认为这是极其自私自利的行为；倘若其反映的是一大群人的利益或意志，那么行使权力的人就会被视为鼓舞人心的领袖或政治家。

同时，我们也意识到，寻求权力的目的通常也通过有技巧的错误描述而被广泛而有意地隐藏起来。力求上台的政治家实际上代表的是富有支持者的金钱利益，然而他们着重将自己描述为公共慈善家，甚至是穷人勤劳而忠诚的朋友。受过良好教育的商人的目的不再是雇用工人以提高自己的利润，其深层目标是提供职位、促进行业发展并确保公司自由经营体系的成功。越来越多的福音传道者广泛关注对罪人的救赎，期望使罪人改邪归正，而以往他们只关心自己的信徒。根深蒂固且极具价值的人皆自私论是对所有同权力目的相关的观点的合理且常用的回应。一个无处不在的问题——"他真正的意图是什么"，很好地反映了这一点。

权力的目的就是行使权力本身这一观点得到的关注比较少。[①] 在所有社会中，从最原始的社会到表面上最文明的社会，人们都十分享受行使权力的过程。精心制定的各项服从性礼制包括赞同多数、演讲时鼓掌、晚餐及宴会优先次序、车队

---

① "任何一个获得权力的健康人都会喜欢权力。"Dr. Harvey Rich, a Washington, D.C., psychoanalyst, quoted in *the New York Times*, November 9, 1982. 贝特兰·德·茹弗内尔（Bertrand de Jouvenel）将这一观点阐述得更为生动："任何人类集体的领袖……都感觉自己的身体变得强健……命令他人就如同站在山巅。同'顺从的山谷'相比，在山巅呼吸的空气不同，看待事物的角度也不同。"(*On Power: Its Nature and the History of Its Growth*, New York:Viking Press, 1949, p. 116.)

次序、是否乘坐商务机、军礼等，都源于权力，这些礼制具有很高的价值，除此之外，行使权力时用以改变他人的想法的恳求与劝解也是如此。当然，更不用说行使权力的行为了，例如指示下属、军事命令、传达法院判决、会议结束时负责人说"这就是我们要做的"。自我驱动感的价值既来自环境，也来自权力的行使。人性的其他方面都不像虚荣心这样岌岌可危。用威廉·黑兹利特（William Hazlitt）的话说，"对权力的喜爱就是对自我的爱"。因此对权力的追求并不只是为了满足其个人利益、价值观或者社会认知，也是为了权力自身，以及拥有和行使权力过程中的物质和精神奖励。

然而，为了合乎基本的礼仪，不能过于明目张胆地承认对权力自身的追求。人们普遍认为，个人可以寻求权力以将自身的道德价值观强加于他人、拓展社会道德视野或者赚取钱财。如上所述，用一个目的掩盖另一个目的是可以接受的，例如用大量的社区服务掩盖背后自我提升的目的，用投身于公共利益的热情演说掩盖卑劣的政治意图。然而单纯追求权力带来的巨大享受却是不为人所接受的。①

---

① 约翰·F. 肯尼迪（John F. Kennedy）在公众演说中比较直率，他差点在演说中表露了他对权力的追求。他说："我之所以竞选总统，是因为这个职位意味着行动。"而他所说的"行动"一词的含义同"权力"十分相似。

对权力本身的追求不被认可，事实上这一直以来都是社会共识的一部分。政治家常被描述为"渴望权力"，很明显其传达的就是政治家追求权力是为了满足自身的欲望。公司间的并购往往是大公司收购小公司，因此人们往往认为并购并不是为了扩大利润而是为了获取权力。人们也认为美国的政治家们，不论是参议员、众议员、内阁官员还是总统，通常都为掌握政府职务而牺牲了财富、休息时间和其他许多东西。很显然，权力的正常行使和其礼制的达成是其中的一部分原因。也许只有在那些获得如此回报的人那里，追求权力本身的乐趣才被掩盖了。

6

对权力的讨论很少是中立的，很少有这样的词能引起人们的赞赏，人们更常见的反应是愤怒。一个政治家在一些人看来是一个拥有权力并因此具有影响力的领导人，而在其他人看来则是危险而冷酷无情的。官僚权力不为人所称道，但有权力的公务员能够高效率地服务大众则受到大家欢迎。公司权力十分危险，然而一家缺乏管理的公司同样危险。工会在行使权力时必然要维护工人的权利，否则，它们就会与其成员的自由以及雇主和公众的福祉产生严重冲突。

很明显，对权力的追逐会引起什么样的反应，在很大程度上取决于"刺死的是谁的公牛"，即损害的是谁的利益。赢得税收改革并受到认可的政治家明智地行使了权力。对于那些必须缴纳税费的人，改革或许是武断的，甚至是毫无节制的。人们支持政府行使权力建立新的机场，然而，房屋位于跑道附近的人则不这么认为。

在很大程度上，对权力的反应会受过去的影响。如今，在人们的记忆里，工头、奴隶主或地主通过鞭打将自己的意志强加于美国的黑人劳工和沙皇俄国的白人农奴的身上。在这里，权力意味着能够施加极端痛苦和残暴惩罚。世界在军事组织的控制下，过去几千年也有惨痛的经历，并且这种经历还没有完结。正是这段历史和一些其他因素使权力留下了冷漠的恶名。

此外，就如我们之后将详细叙述的那样，许多权力的行使取决于试图掩盖它的社会条件。学校教育年轻人，在民主社会中所有权力属于人民，而在一个自由公司体系中，所有权力都属于至高无上的消费者，通过市场的客观机制进行调节。因此，五角大楼、兵工厂以及其他公司和说客的公共权力得以隐藏。同样，市场的神秘性和消费者的权力所掩盖的还有公司设置或影响价格和成本的权力、收买或控制政治家的权力以及操纵顾客反应的权力。但是最终我们都能清楚地看到组织确确实实会对政府造成影响。而且公司并不屈从于市场，相反，原本应当制约公司的市场在一定程度上成了公司用以设定价格和收入的工具。这些都同社会制约相矛盾，因此导致了公众的愤怒。权力因此被社会制约条件所掩盖，并显得十分不合理。

然而权力本身并不应该成为愤怒的对象。权力的行使、一些人服从他人的意愿在现代社会是不可避免的，否则什么事都不可能成功。应当带着怀疑的态度认识权力，而不应抱有权力等于罪恶的思维定式。权力可以给社会带来伤害，但也是社会所必需的。[1] 因此，必须对权力进行正确的判断，但是没有一个宽泛的判断能适用于所有权力。

---

[1] "权力是把双刃剑……它为社会所必需……同时又对社会造成威胁。"De Jouvenel, *On Power*, p. 283.

第 2 章

惩戒权力和补偿权力

1

惩戒权力和补偿权力这两者最显著的特征是它们的客观性，或称可见性。那些接受他人意志的人清楚地知道自己的所作所为，他们的行为是经过深思熟虑的，他们认为这是更好的选择。他们之所以这么做，是因为权力的行使者为他们的服从行为提供了一些特定的交换条件。权力行使者也是有意为之。

惩戒权力和补偿权力之间的区别在于否定奖励还是肯定奖励。惩戒权力通过一些会带来生理或心理痛苦的事物迫使个人放弃自己的意愿或偏好来避免痛苦。补偿权力则为个人提供极为有利或令人愉快的奖励或报酬来诱使他人放弃自己的意愿或偏好以获得奖励。用更通俗易懂的话说，惩戒权力通过威胁或实施惩罚来赢得服从，而补偿权力通过承诺好处或给予好处来赢得服从。

惩戒权力同生理惩罚之间存在着久远且牢固的联系。生理惩罚包括将人囚禁于各种恶劣的环境中或者施加其他残酷的折磨，给人造成痛苦，甚至致人残疾或者死亡。这种印象并不是毫无根据的，所有社会都承认大量应得惩罚所带来的不适，惩罚的形式也越来越残酷，并且所有惩罚都有相应的法律进行控制或被认为进行控制。没有什么比这更能谴责一个国家或政府系统滥用职权。然而，此处使用的"惩戒权力"一词有更广泛的内涵：其涵盖了通过任何对立行为或威胁来发挥效力的权力，这些行为包括罚款、其他类型的收费、口头责骂和其他个人或组织的直接谴责。

2

惩戒权力和补偿权力的行使都取决于人们寻求获得服从的迫切性、服从的范围、服从的重要性或者服从的困难程度。在大部分社会中人们都认为有必要极力避免谋杀、强奸和其他身体攻击，因此，必须使潜在的杀人犯或强奸犯服从于社会在抵制相关犯罪方面的意愿。相应地，这些行为所受的惩罚威胁比轻微盗窃或入室行窃、交通肇事或普通的妨碍治安要重。同理，就补偿权力而言，优秀员工或者长时间工作的员工被认为会比不可靠的员工获得更多的金钱回报。"我给他高薪酬，同时我也认为他应当尽全力做好自己的工作。"也就是说，这些员工应当完全服从于管理者的意愿或者目的。那些负责管理的脑力劳动者被认为其因服从于组织目的的行为而获得的薪酬应当比那些进行体力劳动或者手工劳动的人获得的薪酬更高，无论他们多么熟练或有天赋。[①]

应得惩罚和补偿性奖励应当如何合理分级是现代社会最具争议性的话题之一，引发了大量的评论和争论。对上文所提到的杀人犯的惩罚与要达到的最终目的是否相匹配？对叛国者的惩罚又如何？对那些违背公共意愿吸食大麻、可卡因或者冰毒

---

① 这是因为二者在服从的性质和程度上存在着巨大的差异。商店营业员或其他同级别的员工每天工作几个小时，他们或多或少都十分勤劳或熟练灵巧。除此之外，雇主对他们基本上不抱什么期望，不指望他们去思考，更不指望他们谈吐流畅、表现优异。而公司往往要求公司高管更能服从于公司的意愿。他们必须依照公司的目标来说话和思考，可能永远不会在公共场合怀疑自己承诺的深度和诚意，即使在私底下这么做也是不明智的。许多因素决定了他们会得到高额的报酬，这些报酬通常包括因为需要他们为此所做的数年准备工作、所需的超高智慧，为此承担的责任以及所谓的身处高位的风险所支付的费用。作为一个实际的问题，其薪酬水平也受行政权在薪酬体系建设过程中所扮演角色的重要性和便利性的影响。公司高管的大部分收入来自其自身慷慨的付出。然而公司也为其个人人格全面服从于公司意愿付出报酬。将自我及自我诉求让步于雇主的集体人格并不是一件简单的事，因此他们获得的薪酬很高（也因此公司的诉求有其独特的迟钝性）。对这个问题，我将在下文中再次进行讨论。

的瘾君子的处罚够严厉吗？使高管们屈服于公司目的的薪酬是否过高？他们的能力同自己的工资是否相符，能否赢得在生产线的灰尘和噪声中工作的工人们的服从？公职人员服从于国家意志，同私人公司同级别的工作人员相比，他们是否付出了足够多的努力？要赢得军人的服从可以从多个方面着手，包括他们的薪资，敌人出现时他们不能表现出足够的斗志将受到相应惩罚的预期，以及强而有力的社会制约。除此之外还有哪些因素没有考虑到呢？权力话题的魅力在于其在我们的日常生活中打开了多少扇窗户。在所有社会中，人们对惩罚或奖励的正确性或适当性的关注就是一扇窗户，在之后的内容中我们将反复透过这扇窗户进行观察。

3

在现代社会的所有观点中，补偿权力和惩戒权力之间存在一条明确的分界线。补偿权力的行使被认为比惩戒权力的行使更加文明，也更符合个人的自由与尊严。人们认为从各个方面进行衡量，以挣钱为目的的自由劳动者的地位比因害怕皮肉之痛而屈从于主人意愿的奴隶要高得多。

二者之间的确存在很大区别，但是这样的区别更应当归因于经济发展而不是社会启蒙。惩戒权力与补偿权力的行使之间的差别在贫穷国家并不明显，只有在富裕的国家二者之间才会产生巨大的差异。当贫穷十分普遍时，自由工人为了避免饥饿和贫困造成的其他后果而辛苦劳作。而奴隶是为了避免鞭笞之苦而工作。如果可以选择，和鞭笞相比，人们宁愿挨饿。因此，在美国南北战争爆发之前，自由工人的社会地位比黑人奴隶高。尽管如此，自由工人的工作仍受到经济困境的威胁，有时这样的威胁的胁迫性可能比奴隶受到的威胁小不了多少。有些事物甚至可能已经被认为能够确保奴隶终生为奴。他们可以被打败，但不能被解雇。这两种权力行使方式正是随着经济的发展而产生了巨大的分歧。之后，自由工人取得了一定的个人资源，如果他们被解雇，这些资源至少能够暂时保障他们的生活，可供选择的工作机会变得更多，最终工会应运而生。失业补偿经历了翻天覆地的变化，从各项令人痛苦的替代方案中脱离出来，转变为赔偿与强制执行相结合。因此人们越来越多地为了得到金钱回报而工作，而对失业的恐惧越来越少。

在美国的例子中我们可以看到，随着自由州同南部各州的联系日益便捷，奴隶与自由工人之间的地位差异使得奴隶制变得不切实际，而种植园主仍旧在道德、社会或传统层面上珍视这一制度。[①] 自由工人的优势是巨大而且明显的，货运火车运力增强，奴隶向北方叛逃的形势日益严峻并显现出地方化的趋势。拒绝服从的种植园主隐藏起自己的原则，给他们的奴隶提供酬劳，或者收成的一部分，来保持他们的忠诚。奴隶对主人意愿的屈服越来越多的是由于补偿性奖励而不是应得惩罚。这就是经济发展对权力行使手段的影响。尽管这么看待如此重要的事件可能并不明智，但有人认为鉴于 19 世纪后半叶经济发展的速度，倘若推迟几十年，那么南北战争可能是毫无必要的。

4

我们在此就惩戒权力或补偿权力同所谓的职业道德之间的关系进行了一些研究。对于那些工作沉闷且薪水较低的人来说，工作总是被认为是特别符合道德要求的；在社会秩序的上层，设想中对休闲的富有想象力的使用使得那些沉迷于休闲的

---

① 这些是历史学家们尤其乐于争论的话题。我之前在哈佛大学的同事罗伯特·W. 福格尔（Robert W. Fogel）认为，美国战前奴隶的地位并不比自由工人卑微，他因此曾被严厉批判。（*Time on the Cross.* With Stanley L. Engerman. Boston: Little, Brown, 1974）我认同他们的地位之间存在经济和道德上的差别，我也认为随着经济的发展，这样的差异会相应地逐步扩大。

人的文明倾向受到肯定。社会福利、失业补偿和其他形式的社会保险都被认为对工作热情有极其严重的损害，从而对穷人有害。因此，保守派对此非常愤怒。

保守派的直觉是合理的。高收入和社会福利的确削弱了作为人类动力的强制力。[①] 随着惩戒权力和补偿权力之间的差异不断扩大，人们对工作习惯的关注度也相应地不断提升，对工人能力的抱怨不断增多。也许有人会认为，对贫困或其威胁的估计对于维持纪律和工作热情是十分必要的，这也是美国里根政府 1981 年上台时被广泛认可的政策原则。然而，又必须质疑惩戒权力和补偿权力在经济事务上行使时的巨大差异是否应该被谴责。人们在经济体系中工作，即屈服于他人的意愿和目的，他们工作是为了得到一般的正面奖励而不是因为害怕失业所带来的负面强制力。许多人十分看重这样的经济体系，认为这对其有所助益。

---

① "如果一个人想有饭吃，那么他就要忍受笨拙、愚蠢或讨厌的雇主。"Richard Sennett, *Authority*, New York: Knopf, 1980, p. 107. 有关该观点的详细叙述可以参看森尼特的这本书，p. 104 及后面的内容。

5

奴隶制的废除意味着不再有权力通过实施应得惩罚来迫使他人辛苦工作，也就是说，再也无法通过惩罚使奴隶遵从奴隶主的意愿，取而代之的是补偿性奖励，尽管这个奖励并不大。工厂主和矿主曾经有权通过体罚或威胁体罚来打击罢工行动或者迫使反抗工人屈服于他们的意志，这项权力在很大程度上已被废除，倘若当今还有人行使这项权力就会被认为是历史的倒退。1981年深秋，波兰政府通过戒严令镇压罢工并以此迫使工人和学生屈服于政府的意愿。惩戒权力实际上取代了补偿权力，后者由于可能的补偿的缺乏（表现为食物和其他生活必需品的缺乏）而被极大地削弱。不用说，惩戒权力的这种回归遭到了强烈的谴责。

就更加贴近日常生活的层面来说，丈夫起初通过威胁或者实施频繁的应得惩罚而迫使妻子服从或顺从。然而现在这不再被看重，对受虐妻子的保护日渐成为一项社会事业。传统上，校长通过实施应得惩罚而赢得服从，而如今不对孩子进行体罚已不再被认为是溺爱孩子。传教士过去通过宣称反对者将会在死后的世界面临极其残酷的惩罚来迫使教众臣服于该信仰。如今鼓吹地狱之火的传教士被认为是思想极其陈旧落后的人。

随着行使惩戒权力的声望不断下降，在惩戒权力仍然存在之处人们致力于将其残酷程度降到最低。过去临阵脱逃的士兵会被判死刑。在第一次世界大战中，许多逃兵就是这样被处死的。而到了第二次世界大战，处死逃兵被认为是不恰当的。二战中只有一个美国士兵由于拒绝在敌人的炮火中冲锋而被处死，并且他的案例后来成为一个并不光彩的案例。尽管不是所有国家都是如此，但是在大部分国家，人们都不赞成死刑。当然，人们也反对拷问、禁食和鞭打。

惩戒权力的声望不断下降，这随之有力且广泛地推动了补偿权力影响力的扩大，这种推动作用在经济建设和投资方面尤其显著。这一过程的一个关键词就是"激励"，激励是指使得对社会意愿的服从更有效且更具吸引力的补偿性奖励。① 这是现代政府研究最多的主题。税收政策、财政政策、农业政策、薪资与劳动力政策都直接或间接地同激励措施的实施效果有关，或者说同补偿权力有关。报酬同努力之间的关系也是大型公司的关注重点，并且占据了正式的经济讨论的大部分。这就是补偿权力在当下所扮演的角色。

———————————

① 这也意味着有人正在为自己寻求更高的收入，并以社会功能作为掩护。

尽管惩戒权力的声望和使用频率在现代社会已经日渐下降，而其同补偿权力的关系更是明显减弱，但是其长久以来所拥有的光环依然存在。对于那些曾经痴迷于有权行使惩戒权力的人而言，其依然是赢得其他人的屈服的一个因素。丈夫、父母、校长、警察、治安官、国民警卫队员以及酒吧保镖现在都拥有权威，这是他们过去能够行使惩戒权力的结果。

在此我们也认识到保守派支持死刑、校园体罚、男性对女性的支配、警察拥有的更血腥的权力、搜查与扣押权力的扩大、拥有大量财产的权利，以及在必要的情况下使用杀伤性武器的权利的基础。有人认为这些作为一个更为残暴的年代的遗存，对于维护法律和秩序，以及赢得其他可接受的社会行为是有必要的。更重要的原因是这些都是惩戒权力的表现。这一权力在过去比现在更为重要，并且保守派的天然职责是延续这种现象或者恢复到过去。

6

提供奖励或威胁进行惩罚同赢得他人服从之间的特定关系无论对于惩戒权力还是对于补偿权力都至关重要。倘若不给流水线上的工人支付工资，他们很快就会辞职。同样，要是不给加班费，人们也不会乐意加班。有犯罪念头的人会被他将受到惩罚的威胁制止。驾驶员会由于顾忌其因超速将会承担的罚款而时刻注意车速。

但是，无论是在这些案例，还是在其他案例中，还存在另一种服从的动力，那就是服从意味着一种恰当的、受人尊重的、公认的或得体的行为模式。成年人之所以工作，部分是由于那是一件该做的事。一个人不应当浪费生命，虚掷光阴。人们认为那些住得起高级套房的人应当将他们所有的能量贡献给公司业务。除了当工作是为了提高薪资或者降低税款时，否则任何人都不能建议依照薪酬来付出行政努力，也就是说公司高管们不能总着眼于得到的薪资低于他们能得到的最高薪资。这也适用于公众事务。没有政治家或者重要的公务员会被认为应当根据薪资水平来付出相应的努力。孩子之所以顺从自己的父母，接受他们的意见，是因为这就是孩子该做的。一些妻子同样因此而顺从自己的丈夫。而大部分人服从于公共权威并不是因为害怕受到应得的惩罚或者希望得到补偿性奖励，而是因为他们是守法的公民。

权力之所以难以理解，是因为每个案例都十分复杂。服从同惩戒权力或补偿权力的行使之间存在深入的联系，人们之所以服从，是因为他们自己相信或者他人说服他们相信服从对他们更有利。这种服从来源于信仰。它不仅意义重大，而且越来越重要。随着经济和社会的发展，社会已经由实施应得的生理惩罚转为给予补偿性物质奖励，目前正转变为日趋依赖定调权力的使用。

第 3 章

定调权力

世界的事务……几乎完全由关于荣誉、财富和权威的永恒的争论组成……这些的确都是很大的困难，但并非不能解决。通过教育和纪律，它们也许在某些时候能够被调和。

——托马斯·霍布斯（Thomas Hobbes）《利维坦》

教科书的内容应当鼓励公民权以及了解自由公司体系，强调爱国主义和尊重公认的权威……教科书的内容不应该鼓励偏离社会广泛接受的标准的生活方式。

——得克萨斯州教育委员会公告，1982 年

1

惩戒权力和补偿权力都是可见且客观的，定调权力则不同，

它是主观的，无论是行使权力的人还是受制于权力的人都不需要始终意识到其正在发挥作用。对权威的接受、对他人意愿的服从，成为那些服从者的偏好。这种偏好能够通过劝说或者教育被有意地培养，这是显性调控。它也可以通过文化本身来决定，使服从被认为是普通的、适当的或长久以来正确的，这就是隐性调控。这两者之间不存在清晰的界限，显性调控逐渐变为隐性调控。[①] 为了给予这些抽象概念以现实意义，我借助于过去那些男性用来对女性行使权力使其服从于自己意志的手段，现在许多男性仍然使用这些手段。

男性权力的行使必须归因于其在取得惩戒权力方面所具有的优势，丈夫拥有更强的生理优势，他可以运用这一优势将自己的意愿强加于身体较弱但并不心甘情愿接受的配偶身上。没有人可以质疑补偿权力的高效，这些补偿权力的奖励包括衣服、珠宝、化妆品、房屋、娱乐和社会仪式的参与。这些因素在使女性遵从男性的意愿方面长时间且充分地发挥着作用。

然而，稍微一想就会明白，男性权力和女性的服从自古就在很大程度上依赖于信仰，这种信仰就是"女性服从于男性是

---

① 想深入了解我在此提到的定调权力，可以参看 Charles E.Lindblom, *Politics and Markets: The World's Political-Economic Systems*, New York:Basic Books, 1977, especially pp. 52-62.

事物的自然规律"。男性可能喜爱、尊敬并珍惜女性，而长久以来人们接受的是女性必须喜爱、尊重和服从男性。这样的观念部分是特定教育的产物，例如在家庭、学校以及教堂中关于女性在社会秩序及家庭关系中的合理地位的介绍。时至今日，大学课程仍旧只为女性而非男性开展家政艺术、家政学和其他家政课程，强烈暗示这与对男性意志的普遍服从有关。

但是只有一部分女性的从属关系是通过明确的教导，即显性调控，来实现的。更多女性的从属关系过去是（现在也是）通过简单接受社会和文化长久以来所认为的正确及符合道德的观念而形成的，或者以马克斯·韦伯的话说，是通过统治者和被统治者之间已建立的世袭关系所形成的。其中暗含了定调权力——一种强有力的权力。

总的来说，女性的这种有条件的服从是由信仰产生的，女性相信同自身不恰当的要求相比，男性的意愿是更好的选择，而相应地，男性认为其自身的性别或相关的身体和心理品质赋予了他们处于支配地位的权力。文学作品中广泛且不厌其烦地反复赞颂着这些女性的服从，偶尔也会赞颂卓尔不凡或异乎寻常的女性，这些女性通过魅力、诡计、性别优势等或恰当或过度的使用，来迫使社会、政府、情人或丈夫接受她们的意愿。

这一来源于信仰的权力也面临考验，这种考验就是现代妇女解放运动——女权运动。男性惩戒权力的多种形式（包括丈夫施加身体或心理惩罚的权力）已受到攻击。女性离家工作机会不断增加以及对使得女性只能从事低级工作的就业歧视的揭露，已经使女性从男性行使补偿权力中解脱出来。过去人们相信屈服和奉承是理所应当、合乎道义的，然而，如今这一信仰已受到挑战。这一信仰由所谓的家庭、家族及宗教的传统价值观组成，已经成为那些女权主义者努力和反抗的核心，女性在为自由解放而斗争方面也许比男性更为坚决。

2

与男权统治的主张一样，其他权力的表现也是如此。正如先前提到的那样，过去教会权力的行使在一定程度上受其获得惩戒权力的能力所保障，现在和未来也是如此。此外也没人会怀疑教会所赐予的福利的吸引力。但是其权力还是压倒性地依赖于信仰，现在也是如此。也正是因此，教会才一以贯之且明智地致力于不断灌输和巩固其信仰。因此人们也就自然地认为这种巩固信仰的努力等同于宗教本身。

就如之前提到的那样，这种情况同样适用于军队。士兵们服兵役理应且必须获得补贴。而人们通常要求惩戒权力惩罚那些拒绝服役或拒绝面对战斗可能导致的致命后果的人。长期以来，人们认为好士兵应始终致力于实现其斗争的目的，而这种为了胜利甘愿接受死亡和残疾后果的意愿需要由信仰所带来的极高士气。[①] 积极性仅来源于补偿权力的雇佣兵和积极性仅来源于惩戒权力约束的军队新兵被看作二流战士。

很不幸，在当今世界的许多地方，政治领袖能够掌权仍仰仗于其对惩戒权力的把持，即他们有能力威胁那些不接受他们意愿的人，对他们实施监禁、酷刑或将他们永久发配。他们也大量使用补偿权力，以收买那些原本不屈服于权威的人，使他们服从自己。公然贿选在美国的许多地方都很常见，直到近些年才有所收敛。在其他一些民主国家，情况也十分相似。补偿权力的形式多种多样，包括赞助、社会重大活动的邀请、授予荣誉，特别是授予社会契约，补偿权力会以这些形式继续存在。然而同宗教和军队的情况相同，定调权力更为重要。现代政治家也绝大多数致力于对信仰的培养。在 20 世纪的民主国家中

---

① 伯特兰·罗素在一篇著名的文章中支持了这一观点："很轻易就能举出例子来证明这一观点是广泛适用的。除非士兵们相信他们为之奋斗的事业，或者雇佣兵们坚信他们的指挥官有能力领导他们取得成功，否则军队是无用的。除非法律得到广泛尊重，否则其毫无意义。经济体制依赖于对法律的尊重，举例来说，试想一下，倘若普通市民并不反对假币，那么银行会如何呢？" *Power: A New Social Analysis*, New York: W. W. Norton, 1938, p. 136. 其后，罗素继续强调回溯如此重要的观点的来源的重要性。

政治权力在很大程度上包含着定调权力。这也是我们之后将继续探讨的问题。

定调权力对经济生活也至关重要。补偿权力激励普通工人工作，倘若没有补偿权力工人也不会工作。但是除了沉闷无聊的付出，他们也会为自己的工作感到自豪，并在工作中表现出托尔斯坦·凡勃仑（Thorstein Veblen）所说的"做工本能"。随着一个人在公司中的层级上升，这种本能变得越来越重要，越来越公开。令高管（或较低等级的野心家）骄傲的是，他们真的相信自己所做的事。高管薪酬仍然作为一种动力为大家所珍惜，但是公司的目标深深地融入信仰中，并且具有独立的力量。公司的目的是良好且合理的，而员工对公司目的的信仰是定调权力发挥效力的表现。[①]

在所有对权力的讨论中，无论是事关家庭、宗教、军事、政治还是经济，定调权力的作用非常大。这里必须指出，所有对权力的讨论掩盖的内容和其揭示的一样多，并且定调权力日渐成为所有社会发展至关重要的方面。

---

① 这里有一个十分具有现实意义的观点。人们通常兴致勃勃地讨论更高的税后收入可以激发更多的努力并产生更高的生产力。但是，正如我们在此所见的那样，是定调权力而不是补偿权力最先促使行政高管们服从公司的意愿。鉴于此，任何高福利只能发挥微小的作用甚至毫无意义，而现实中也确实如此。

3

定调权力就是目的明确的说服的产物，说服的内容就是使社会环境中的个人相信他们被要求相信的东西始终是正确的。正如我们所见，这种权力的行使可以是十分直白的，是直接和明显地试图赢得信任的结果，而这反过来反映了个人或者集体寻求或行使权力的目的。信仰也可以暗含在社会或文化环境中。屈服于他人的权威反映了人们对于个人应该做的事有一个被普遍接受的认知。当权力的行使由显性调控向隐性调控转变时，人们不会意识到其由强加于人、招摇过市地赢得他人信仰的努力向强制服从转变，人们将其视为理所应当。此外，很重要的一点是社会对于定调权力的认知也是在从显性调控向隐性调控的转变中逐渐形成的。

因此，在现代社会中行使定调权力最直接的方式之一就是广告。通过艺术推广和重现，人们被说服并相信饮用特定品牌的啤酒可以带来快乐，抽特定品牌的香烟有益于健康，社会接受度与衬衫领的白度相关，特定政客拥有独到的道德基准，以及特定的政治提案有其可取之处和不足之处。在所有的情况下，其影响都是相同的。卖家依照自己的目的让消费者相信自己。无论男女都屈服于啤酒、香烟、清洁剂的供应商或者政党的意图。这种通常不会被看作权力的行使过程，这种情况屡见不鲜。这种信念可能是肤浅的，而随之产生的从属关系也并不持久或具有实质性意义，但是这并没有改变其根本属性。

广告本身是以一种彻底公开的方式来获得他人的信任，其并不被所有人认可。广告经常会为其招致阻力和非难。当一家公司要说服消费者购买自己的产品时它就会进行广告宣传，而如果它希望人们能够相信它的政治意图，以逃避繁复的法规或其所谓的不公正税收，它就会对人们进行教育。这与其他集体寻求获得公众意识屈服的方法如出一辙。就赢得他人的信任而言，与广告宣传相比，教育在社会上拥有的声誉要高得多。

然而教育也存在问题。在某些情况下它也可能过于公开化。一个政治家可以说向他的人民提供信息，但是不能说他们需要教育，哪怕他并没有贬低选民智商的意思。一个总统可以私下谈论人们在或这或那的方面需要指导。然而当其面对电视观众时，他只能委婉地提醒人们应当注意的事项。人们认为包括报纸、电视和广播在内的所有媒体都具有强大的教育功能。媒体很少公开承认这一点，它们往往巧妙地将其功能简单地归结为向其读者、观众或听众传达信息。

人们致力于使他人服从于自己的目的，而在这个过程中权力的参与充分地体现在使用媒体时的紧张气氛上。美国多任总统都同电视台、报社和电台发生过争执。这部分是由于媒体对总统行使定调权力有一定的控制力。此外，媒体所寻求的调控同总统所寻求的调控之间可能存在冲突，媒体同总统之间的冲突随之产生。因此，总统也持续努力地通过个人关注、自信的态度、过分直白的阿谀、社会娱乐、过分顺从或其他特质来吸引媒体。同时，媒体给总统施加了备受关注且并非不重要的阻力。这带来的一个结果是人们往往过分夸大报纸、广播和电视的力量，我会在之后的章节再讨论这个问题。

4

不会有人怀疑媒体作为赢得服从和行使权力的工具进行直接调控的重要性。那些参与其中的人都十分清楚自己的职责。而家庭和学校的正统教育所发挥的调控作用较不为人所知。这样的正统教育都强有力地影响人们的信仰，并使得权力能够得以行使。幼儿园的孩子们在刚入学时就被告知应当尊重父母和老师的权威，必须遵守法律，民主政府的决策定有其过人之处，财富、衣着和个人卫生存在着普世标准，接受他人领导，即屈从于他人的意志，是一种正常且值得提倡的行为。[①] 教育机构在集体活动中施加给孩子们的价值观中有一部分是通过训练自然而然地将团体目标变为个人的目标，将教练或队长的权威转化为团队成员的个人表现或想法。

特定形式的权力也认同教育的调控作用。全世界几乎所有国家的学校都通过一些传统仪式来进行爱国主义教育，这些仪式包括国旗下宣誓效忠祖国、强调历史上的英雄事迹，以及直接介绍现有的军事准备和成就的价值等。反过来这对于民众接受国家目的也十分重要。教育调控要求所有人团结在同一面旗帜周围，这对于赢得民众对军队和外交政策的服从具有重大意义。其结果是将国家的安全与防卫问题置于党派或其他地方性挑战之上。

教育调控的影响力同样触及经济和社会体系。共产主义国家的孩子们始终听闻的都是社会主义的优点，以及人们对社会主义目标全身心的投入。这种努力并不是共产主义教育所特有的。美国的孩子也以类似的形式了解自由公司的优势。而公司和商业组织也始终坚持应当模仿共产主义的教育方法，学校和全社会中应当更多地实行类似的教育模式。从某种程度上来说，

---

① 关于这一趋势的代表性言论，参见 C. Wright Mills, *The Power Elite*, New York: Oxford University Press, 1956, pp. 319-20.

这种教育是成功的，其引导受教育的人接受商业世界的种种目标，并将这种行为视为公众和他们个人自身优良品质的生动显现。倘若人们认为未成年人能够在他们的图书馆里接触到一些批判社会广泛接受的当今经济或社会秩序的观点，或与这些观点相冲突的书籍，人们会被激怒，这就证实了发生在学校的这种调控作用的严肃性。

　　直接教育调控的重要性在对美国公共学校中的宗教教育的持久争论中也可见一斑。这种宗教教育公开的主要目的是在孩子幼年时期就培养他们对于宗教权威的认同。而对这种调控意愿及其权力行使的质疑，以及在宗教权威是否应当被接受的问题上的分歧，共同成为这类教育的根本阻碍。那些寻求这种调控所带来的权力的人从来不愿接受这种限制。他们始终支持间接调控，这种调控甚至源自最谦逊的宗教仪式，例如自愿而安静的祈祷。这些仪式反过来被那些反对者看作宗教信仰以及随之而来的服从宗教权威的来源。其他争议（对性教育的争论已经成为一个突出的案例），反映了学校对社会调控和随之而来的对权威的服从（或反抗）的重视，权威由因此而得以逐渐灌输的信仰而产生（或被认为由此而产生）。

5

人们很容易认为大部分由调控产生的服从及相关的权力行使是通过公开方式赢得的，比如通过教育和媒体。人们往往倾向于将可见可闻的事物放在首要位置。然而所有的社会都有更为完善的社会综合调控形式。调控是生活中自然而必不可少的一部分，十分微妙且无处不在。其获得必要的信仰和服从的方式往往并非为人所见或与众不同。因此，在大部分情况下父母并不需要公开宣称自己的权威，他们的权威被视为理所当然且所有的孩子都理应接受。此外，学校的老师、神父、国家领导人、国家正常选拔产生的公务人员、税收人员和执法人员，他们的权威都是如此。这部分是由于公众的倾向和本能，一个人为雇主提供服务并依照《圣经》的要求表现出友善忠诚的奴仆行为。人们一般认为，反对谋杀、强奸或者偷窃不需要特别的指示。这种间接的调控自个人出生那一刻起就存在，它包罗万象，但十分主观且不为人所见。我们无法评估其相对于直接调控的重要性，但是我们也无法怀疑其重要性。

6

无论是通过直接调控还是间接调控，一旦信任产生，并随之产生对他人意志的服从，那么这种服从就被看作个人道德或社会意识的产物，即他对于正确或良好的判断。单纯地讲，这同补偿奖励或应得惩罚并没有关系。就像孩子服从自己的父母，成年人进行沐浴、使用除臭剂、去教堂或者屈服于一个政治领袖的观点，这些被认为是理所应当或是个人偏好的行为，惩罚或奖励并不在其中发挥作用。然而一般情况下，权力行使的三种手段往往是紧密结合在一起的。孩子屈服于父母的权威被视为理所应当的事，但是父母可能也对孩子的屈服许以奖励，威胁孩子如果反抗将受到惩罚。家庭与社会调控的结果相似，许多人因此而屈服于宗教权威。然而，有些人仍然在思考用极端的惩罚方式来对付不信教的人。对于许多成年人来说，他们认为自己理应成为一个好公民并服从自己的政府。但是，社会也给予服从的人以实际的奖励，例如身份地位、工作以及社会尊严。而对于那些反抗社会广泛接受的行为调控观点的人，社会或者更直接的机构将对他们进行惩罚。我们在探究权力时，绝不能认为只有一种权力来源或者权力手段在发挥作用。

7

在把权力进行分解后，我们的一个重要收获是，我们看到通常所谓的类型差异实际上是程度差异。[①] 而且，在不同的实例中，这些要素的作用是各不相同的。例如，极权主义政权在运用权力时，将对定调权力的大量而排他的使用（通过学校、书刊、电视、收音机和集合演讲）同对服从者的高额补偿奖励和对不服从者的应得惩罚（往往是永久性的惩罚）结合起来。在 20 世纪 30 年代和 40 年代，德国的保罗·约瑟夫·戈培尔（Paul Joseph Goebbels）的大规模宣传活动，就是民族社会主义的一个非常显著的特征，是他们使用公开定调权力的一种主要方式。但是，这种宣传也与补偿性的就业和军火合同的强大诱惑结合在一起。同时，对于那些拒不服从的人，则用集中营来给予应得惩罚。同样，斯大林时代的苏联，也是补偿奖励、应得惩罚和公开调控三管齐下，充分施展。在其他情况下，这三种权力结合是一种补偿性的、以极权为特征的权力。拉丁美洲的独裁者拉斐尔·特鲁希略（Rafael Trujillo）和安纳斯塔西奥·索摩查（Anastasio Somoza）以残暴闻名于世，因为他们

---

① 我们应当谨记，尽管是程度差异，也可能迥然不同。

几乎完全不会使用定调权力（几乎没有可宣传的政绩），而且也没有什么财源可供补偿权力使用，所以他们被迫几乎完全依赖惩戒权力。这样就导致了威权（authoritarian）政权和极权（totalitarian）政权之间的区别，前者几乎完全依赖惩戒权力，而后者全面地使用惩戒权力、补偿权力和定调权力。南美、非洲和亚洲的一些国家是威权政权，而某些共产主义国家是极权主义政权。此外，也有人进一步认为，限制性地使用威权，在道义上优于全面的极权统治。但是，这对于那些处于威权统治之下的人来说并不是一个特别有意义的区别。在这两种统治之中，威权统治更需要依赖惩戒权力以及与之伴生的残暴和杀戮，所以可能更令人痛苦。

民主政府也不能回避惩戒权力、补偿权力和定调权力中的任何一种。这三种权力都被运用着。区别只在于它们的组合方式、对它们的限制，以及国家保留的使用定调权力的程度。

在考虑权力的使用时，我们应该注意各构成要素的不同组合。下面我们将论述这些组合及其排列。而且，我们将会看到隐藏在经济权力、政治权力、宗教权力和其他权力这些说法后面的真实情况。只有了解了这些权力的构成要素，我们才能理解它们，因此，必须先看看权力的来源。

第 4 章

权力的来源——人格

人们常常发现，一个下野的首相只是个自大的演说家，而一个退伍的将军也
不过是个乏善可陈的市井英雄。

——威廉·萨默赛特·毛姆《月亮与六便士》

1

现在让我们来探讨一下上一章中提到的权力行使过程中的
幕后推手，究竟是什么让惩戒权力、补偿权力和定调权力能够
以不同形式以及不同的结合方式发挥作用。

权力有三种来源，分别为人格、财产以及组织。与权力的
行使一样，权力的来源往往都是联结在一起的。财产和人格的
关系类似"水和舟"，水能载舟，亦能覆舟，而组织通常能增
加人格的力量。财产的存在往往同组织相关，同时也与支配型

人格密不可分，而组织则依靠财产和人格的支持发展壮大。

这三种权力来源中，每一种都同特定的权力行使手段密切相关，它们之间的联系虽然不是绝对的，却十分密切。组织与定调权力相关联；财产理所应当地与补偿权力相关联；而人格与惩戒权力之间则有一种原始的、由来已久的关联，因为在古代，个人往往凭借体力的优势来获得别人的服从，换言之，强者能够对反抗者进行肉体惩罚。某种程度上，这种传统的关联在现代世界中仍然存在，它在孩子们的相互关系中仍有巨大影响力。在任何一群孩子中，他们对体格最强的男孩，偶尔是女孩，有一种自然而然的敬畏。有的孩子会肆无忌惮地或明目张胆地使用这种惩戒权力的来源，他们有时会受到赞扬，有时也会被指责为恃强凌弱。人们通常认为，随着孩子日益成熟，他们自然也会变得更加文明，那么他们就会越来越少地诉诸这种惩戒权力，因而这种权力的人格来源的重要性也会逐渐降低。

然而，这二者之间的关系会持续影响人们的态度。对于神话中或历史上的重要领袖，如大力神赫拉克勒斯、彼得大帝和戴高乐等，人们常将他们的权力部分归因于其强健的体魄或魁梧的身材，他们被认为有"大将之风"。而拿破仑之所以引人注目，部分原因正是他身材矮小。在现代社会中仍然存在一种倾向，那就是人们往往倾向于服从身材高大的或身体某部分较为突出的人。偏爱高个子，厌恶过分矮小的人，依然是现代社会中为数不多的常见歧视形式之一。人们在谈论一个令人生厌的人时，往往用"小人"一词来称呼他，而"大人"这个词则不含有贬义。

但是，那些在历史上因人格魅力而备受推崇的人物，比如摩西、孔子、亚里士多德、柏拉图、耶稣、穆罕默德、马克思和甘地等，完全不是靠体力或运用个人惩戒权力来获得人们的服从的。内在的品格赋予了他们让千百万人长久地服从他们意志的能力。当然，获得服从，除了人格之外，还需要其他东西——与他们相关的立法者、寺庙、学校、教会、清真寺、第一国际或国大党都为他们提供了支持。组织和数量可观的财产作为权力的来源，都维持并加强了最初的人格的作用。然而，在上述所有案例中，没有人能怀疑人格在赢得他人信任时的首要地位，而正是这种信任，即定调权力，给人以力量、动力和信念。

2

现代社会，与人格相关的结合中，最重要的是人格与定调权力的结合。通过树立信念、"行使领导权"等说服手段，有影响力的人格能够赢得服从。人格中的哪些方面会赢得定调权力，这不仅是我们这个时代，也是所有时代中，讨论最多的问题。① 某些人坚信自己能够将在与超自然力量交流时所获得的引导有效地传递给他人，而一般人，无论男女，都是难以直接接触这种力量和获得这种引导的。这一信念不仅在过去意义非凡，如今也具有某种重要的意义。不仅数不清的宗教领袖怀揣着这种信念，圣女贞德、菲利普二世和道格拉斯·麦克阿瑟等人同样持有这样的信念。在更普通的层面上，足智多谋、心思缜密和思维敏捷、富有魅力、诚实守信、诙谐幽默、庄重严谨等都是人格的重要方面。此外，同样重要的是在表述思想时所具有的说服性、雄辩性、重复性或其他能够让人深信不疑的特质。

此外，那些与智力或表达无紧密关系的人格特征同样能产生定调权力。极度相信自己的信仰和主张，这种人格特征尽管与智力无必然联系，但对赢得其他人的信任和服从是十分重要的。事实上，这种人格特征可能与智力无关。任何特定行动和它的结果之间的联系都是不确定的，而且大多数情况下是未知

---

① 比如，马克斯·韦伯和他界定的魅力型领导权概念。见：Reinhard Bendix, *Max Weber: An Intellectual Portrait*, Garden City, N.Y.: Doubleday, 1960, pp. 301 et seq.

的，这一点是经济、外交和军事政策，以及商业决策的一个基本特征。利率的增长情况、对经常犯错的政府或考虑周全的有计划的军事或战争动议给予政治支持最终会导致何种结果，或者，某种经营上的付出会获得何种回报，在这些问题上，谁都无法给出确定的答案。在这些例子里，权力（对意志的服从）经常会落到那些能够极度自信地断言未知事物的人的手上。权力难以落在认知清晰的人身上，它会流向这种极度自信的人那里，他们经常由于一根筋而坚信自己是明白之人，并坚信自己能够说服他人相信自己。

3

所有的现代政治评论都有一个重要的倾向，即夸大人格在行使权力时的作用。这种错误是由诸多因素共同导致的，其中首要的是伟大领袖在历史上的显赫地位。从摩西到马克思，从希特勒到斯大林，从温斯顿·丘吉尔到富兰克林·罗斯福，他们都有不可置疑的能力，能够改变他人的信仰，或让他人服从自己的目的。他们的人格让他们能够通过各种方式运用惩戒权力、补偿权力和定调权力。这些人以及那些更普通的高层人物不仅获得尊敬，也受到崇拜。他们所具有的财富和周围的组织是因他们的人格而产生的。

虚荣心同样能导致对人格作用的夸大。公司高管、节目主持人或政治家认为自己具有独特的领导素质，这些素质源自智慧、魅力或能言善辩的能力，从而具备了指挥他人的个人权力。没有什么能比这样的事更让人愉悦。而且，当他们这么认为时，别人也会这么认为。

所谓的阿谀奉承现象是人格成为权力来源的另一个原因。能运用权力手段的人对那些贪图狐假虎威的人来说具有天然的吸引力。告诉权力所有者，他的权力来自他的财富，这似乎不太可能；而告诉他，他的权力事实上源于他所在的组织，这种事更是拍错马屁。因此，人们总会说，或权力所有者总会听到，他的人格、他作为领导的素质赋予了他权力。同样，他和其他人都会相信这一点。

另外，现代现象中的人造或人为的人格也并非微不足道。正如前文所述，人格反映了权力行使的早期或更原始的阶段的状况，因此，它通过那种掌控权力评价的古老本能发挥作用。而且，与组织相比，人格更为有趣，对记者、电视评论员、与权力行使有关的人以及那些将自己所讲、所遇、所见之物与权力相联系的人而言，人格更有吸引力。非常现实的例子就是，人能接受采访并在电视上露脸，而组织却不能。

那么，结果便是，与权力行使相符的人格特征被认为是组织领导的人格特征，而且这种形象是通过刻苦而专业的培养形成的。此乃众多公共关系部门所要努力实现的主要目的。内阁成员、其他公务员和公司总裁就是人造人格的典型例子；而新闻记者和时事评论员这类最容易受其影响的人认为自己所具有的人造人格就是自己本身的人格。这种现象可以通用汽车公司的董事长或国防部长临退休或离职时发生的事为例来说明。一旦从组织里退出来，他们的人造人格便会消退，这种人格背后的人随即因呈现出真实人格而碌碌无为。①

戏剧性地夸大人格的作用也算是社会习惯的一般倾向。如今的美国首都华盛顿，无疑是一个极端的例子。在这里，大部分的社会交往和其他交往都以权力行使者，即那些将自己的目的强加于他人身上的人为中心。而且在这样的社会里，人会尽最大的努力攀附上那些注定成为强者的人。权势早就为那些权力所有者所看重，结果，政治家、行政官员、记者和其他有权

---

① 然而，对于人造人格的更深入的理解，实质上将有助于我们对权力的来源的理解，人造人格的存在并非无关紧要，对于人造人格的参照也为人所知，或者说人们也知道在研究中参照可塑性人格，它也具有同样的含义，认为公司经理或者政府机构的首脑是"实际上的组织人"，这意味着个人的人格是其所属组织的派生物。

势的人物促成一种推崇权力的公共氛围。在服饰、举止和行为上，这些有权势的人物展现出一种训练有素的领导人和指挥官的形象。在谈话时，他们经常以卖弄的方式将话题转移到演讲者如何将自己的意愿强加于他人上，并且结果往往是令人信服的。

4

政治会议、会见和喝彩等也能导致误把人格当作权力之源，可以称之为表演效应。政治演说者通常向完全受信念影响的听众高谈阔论，而且在演说过程中，通常会自动地调整自己的思维和表达来迎合那种信念。随之而来的欢呼喝彩便成了衡量其影响力和权力大小的标志。他那令人敬畏的个人特征——人格——被视为其权力的源头。其实，他只不过是展现出能与追随者产生共鸣的能力而已。他的能力和能正确判断雨云的牧师在进行祈雨时所具有的能力并无两样。

这样的例子不胜枚举。在美国，最有趣的例子就要数威廉·詹宁斯·布赖恩。他被认为是那个时代最具影响力的演说家。他那数量庞大且热情高涨的听众都服从于其意志。他那绝非微不足道的天赋让已经受到其影响的人走进他的演讲堂，去倾听他已经准备好的听众们想听的话。喝彩声和祈祷声并非从刚被说服的人口中发出，而是从因他的演讲而更加坚定先前的直觉或信念的人口中发出来的。

领导者一词，尽管经常使用，但其含义模糊，应予以重视。成为领导者就意味着获得他人对自己意志的服从。但在日常生活中，领导者经常只是能熟练地与影响大众的信念保持共鸣，并且让大众认同自己的意志。

5

有魅力的演讲者和那些欢呼喝彩的听众之间、政治候选人和支持他的投票者之间、传道士和接受传道的群众之间绝非纯粹的权力行使关系。通常情况下，这是一个假定的领导人对其追随者的信念的迎合。这是公认的，无论在这里还是在别处，人们都认识到了更深层次的真相。政客的主要技巧在于让自己与人们产生共鸣，而并非具有说服和指挥能力。因此，他们总被冠上蛊惑人心的帽子。而他们的行为也会被描述成"当众表演"。这种贬义的描述正确地分析了政客与权力之间的关系：其人格只是表面上的权力来源，而不是真正的权力来源。

然而，不能完全否定让自己的见解迎合大众的信念和志向的个人，也不能否定将人格视为一种权力的来源。在一般的实践中，包含着一种契约关系。具备必要的人格特征和资质的行将上任的领导者认可相关追随者的意志并与其保持一致，他这么做能让追随者在某些方面接受自己的意愿。他告诉他的追随者，他们所处的境况决定了他们应该相信什么，或相信什么是符合他们的利益的。反过来，追随者们接受了领导者关于他们自己信念的表述并在各方面追随他，尤其是在能产生实际效应的方面。一个真正拥有权力的人能够在所参与的谈判中赢得对方对他的主要观念的接受。而权力微弱的人则完全迎合大众的信念。马丁·路德·金知晓他的追随者的愿望并将其宣讲出来，并且领导他们全面参与，将实现目标的愿望付诸行动。富兰克林·罗斯福同样如此。领导者到底拥有多大的权力，是要通过他能多成功地说服其追随者接受他对问题的解决之策和实现目的之道来判断的。

6

当人格与追随者之间的关系越发紧密时，就不可避免地形成一种结构。政客开始拥有一种所谓的组织，或者，如果结构十分牢固，那就是机构。有才能的劳工领袖能组建一个强大的工会，有才干的商人能建立一家管理有效的公司，宗教领袖能建立一个教会并凝聚教众。人格自始至终都努力强化组织。

人格同样能通过收买别人的服从来增强自身的力量。这一点为政客所熟知，在历史上对宗教领袖的作用至关重要，更是公司行政人员权力的核心所在。因此，我们将思考作为支付来源的财产的作用。之后，我们会思考组织的作用，组织是第三种权力之源，也是现代社会中权力的卓越来源。

第 5 章

权力的来源——财产

我会说剥削是一个关键问题……对于剥削，充分了解财产后，你就会完全理解了。首先，剥削者以其财富收买工资奴隶；然后，又给工资奴隶洗脑，让他们相信，他们在磨石旁辛苦劳作是为了追求财富而不是为了剥削者。通过这种手段，剥削者对工资奴隶完成双重欺骗。

—— 约翰·勒·卡雷（John Le Carré）

《女鼓手》（*The Little Drummer Girl*）

1

在权力的三种来源中，财产似乎是最直接的。拥有财产的人能够在最一般的情况下行使权力，即直接收买一个人使其服从自己。比如，雇主让雇员、富人让其司机、专门利益集团让政客、好色之徒让他的情妇，服从自己的意愿。财产与补偿权力的结合是如此简单直接，以至在过去这种结合被视为绝对的。对于社会主义者而言，财产曾经是，而且在现在的某些方面也是决定性且唯一的权力来源，资本主义社会曾经而且现在也是在财产的庇护之中。只要财产仍在私人手中，其他人便难以拥有权力。"共产主义理论可以总结为一句话：消灭私有制。"[①]阿道夫·伯利耗尽一生时间来探讨权力的本质，在这一点上他的洞见比其他美国作者都更为深邃。他详细且富有洞见地论述了现代大型公司中，管理层，而非财产所有人（即股东）成为权力所有者的方式。这一点正是他的观点与传统观念之间的巨大差异。他关于这一问题的相关书籍中，有一本叫作《无财之权》(*Power Without Property*)[②]。任何非正当地使用权力的尝试，如向议员、公务人员、承包商或外国政府行贿，都会催生权力的滥用。

在政治左翼中（某种程度上在右翼中也是），承认并强调财产催生决定性权力仍是直率且强有力的表述。有什么比财产更重要呢？几乎没有。1980 年，在美国，一名国会议员因受贿在阿布斯堪姆行动中遭逮捕，他总结了一种普遍的观点：来

---

① 马克思、恩格斯，《共产党宣言》。

② 副标题是美国政治经济的新发展（ *A New Development in American Political Economy*, New York: Harcourt, Brace, 1959.)

自财产的补偿性奖励，而不是来自人格的社会定调，能发挥更强大的作用。他说：有钱能使鬼推磨。

事实上，财产只不过是权力的三种来源之一，而且在最近，与组织相比，它的重要性正在下降。在公司和州政府中，权力曾源自财产，即财政资源，现在却产生于个人的有组织结合和官僚体系。财产成为权力工具的机会也在减少。曾经，它拥有赢得服从的惩戒权力，私有财产赋予所有者惩罚奴隶、仆人或农奴的权力，并且允许公共权威对持有反对意见的工人采取镇压手段，而如今这不再被认可。在政治活动中，通过收买的手段赢得服从的机会同样在减少。在公共事务中，它的现代意义不容忽视，它是说服他人（定调权力）时所运用的金钱资源。现代的富人不再用钱来收买选票；他们将这些钱用于购买电视广告，希望能通过这种手段来赢得观众对其政治意愿的有条件服从。

2

事实上，财产一直是赢得条件性信念的一种手段。在过去，尤其是 19 世纪末，财产的威望高涨到，它能在无须支付实际上的补偿的情况下，为所有者提供权力。富人所言或所信都理所当然地让他人信奉。托尔斯坦·凡勃仑曾如此论述：富人的好名声让他们能够自动获得补偿权力和定调权力。

事实上，老约翰·D.洛克菲勒的社会思想并不比造诣一般的大二学生更具洞察力。然而，因为洛克菲勒据说是美国最富有的人，所以他的言论引起了广泛关注。结果，洛克菲勒的观点在慈善、节俭、通过社会达尔文主义解决种族问题和穷人（弱势群体）问题等方面颇具影响力。老摩根同样如此，在国会委员会上，他提出了一个观点，即在贷款时人格比资产更受关注，这一论述随后被广泛报道并长久地留在人们的记忆中，而且似乎在某种程度上为人所相信。那些接受洛克菲勒和老摩根想法的立法者或其他人通常没有直接思考补偿问题。因为他们认为，富人所想要的都是对的，他们的财富为其提供了证明。

时至今日，人们仍然认为，由于他们所具有的财富和因此带来的优先权，他们在政治、经济和社会行为或礼节上的意见应该得到认真对待。在自己受到忽视或必须认同那些不是因其必要的资产而具有发言权的人的不恰当的断言时，普通大众会感到无比痛心疾首。

然而，财富本身不再自动地赋予所有者定调权力。试图寻求这种权力的富人现在需要雇公关公司来赢得他人的信任。[1]或者，他需要为反映其观点的政客或政治组织提供资助。再或者，他直接参与到政治活动中，用财产来说服他人，而非购买选票。当今，如此收买而来的社会地位是源于财产的权力中最直接的体现。

3

过去并非如此。在早期的工业社区中（美国的公司城就是典型的例子），雇主获得的服从是收买而来的，除此之外，要么无路可选，要么会产生不快。补偿权力也不是唯一的行使手段。通过与资本家的血腥人格相结合，财产让资本家借由当地政府和警察而获得惩戒权力。而且通过当地新闻报社、教会和其他的公共表达机构，财产也让资本家拥有定调权力。

惩戒权力不再来源于财产。更为文明的态度限制了惩戒权力的获得，这赢得了人们的赞同。工会的兴起也是如此。[2]直接收买政客与当时不断进步的伦理价值发生了冲突——明目张

---

[1] 老洛克菲勒最终迫不得已而雇用公关先驱艾维·李去渲染与其财产相符的社会地位。

[2] 权力的辩证性会引起一种反对性和制衡性的权力行使方式，这将在第8章和第9章进行讨论。

胆地接受收买的国会议员或州长会遭到公众的唾弃。

在现代福利国家，财富的增长及其表现越发重要。补偿权力最大限度地要求人们除了资本家所给的工资之外，只有很少或没有其他的收入来源。而随着财富的增长，就业机会增加。收入在突破了仅能维持温饱的水平后，成为一种解放力量。工作不再是压迫，也不再是因赤裸裸的生活压力而被迫的。正如前文所言，失业救济金、福利、医保和退休金同样使补偿权力的限制减弱，并导致其在财产层面上的重要性弱化。令人不解的是，在某些社会评论中，这些福利措施经常被视为对自由公司体系中存在的自由的限制。正是通过这些福利措施，人们才能得以逃脱补偿权力的控制，而这种补偿权力原本是通过一种强制性方式与财产相结合的。但对此，少有评论提及。

源于财产的权力和源于人格的权力的减少，最重要的原因就是组织的兴起。在国家层面，这一点是真实的，源于财产的权力和源于人格的权力在很大程度上都让位于源于组织的权力。[①]这反过来又招致公共舆论对政府机构的抵触、厌恶和愤恨，这一点正好与权力的辩证性相一致。具有庞大行政管理机构的组

---

① 1917 年，列宁成为曾经的沙皇俄国的最高权威。他主张权力的核心是压制私有财产。7 年后他去世时，他已经看到并强调了另一种已经存在且越发成熟的权力来源，即社会主义国家所需要的庞大的官僚体系。作为权力来源的私有财产已经让位于作为权力来源的组织。

织现在已经取代了财产（和人格）成为现代大型公司的最终权力的根据地。

洛克菲勒家族就是这一变化的最好体现。洛克菲勒有 4 个孙子活到了 20 世纪 70 年代末，其中约翰·D. 洛克菲勒三世和劳伦斯因雄厚资产和慈善功绩而闻名。另外两个，即纳尔逊和戴维，则涉足大规模的公共和私人组织，比如纽约州政府、美国政府和大通曼哈顿银行。同财产打交道的两兄弟知名度不高，当然，他们在追随者和慈善共同体中还是有名的。与组织打交道的两兄弟则声名显赫并且具有不可置疑的影响力，即具有权力。在国会对其副总统职位进行审查时，纳尔逊·洛克菲勒不得不长篇大论地为自己利用财富进行奖励的行为提供辩护，以确保政治追随者对其保持忠诚（服从其意愿）。在 19 世纪，这种收买追随者的行为曾被视为美国政治的常态，但到了洛克菲勒面对国会委员会的审查时，它却成为权力的滥用，哪怕这种行为的影响是微不足道的。

尽管如此，必须保持洞察力。在作为权力来源上，财产现在已经不是十分重要了，但这远远不是说它不重要。它能通过补偿权力来赢得数以百万的工薪人士的日常服从。同样，它也能为那些管理大公司的领导者赢得支持和信任。之前已经强调过其与定调权力之间明显的关系。无论是收买公民和士兵的服从还是在军工公司中赢得广泛支持，财产在现代权力最令人敬畏的表现形式——军事机构中发挥了举足轻重的作用。我们不能有这么一个错觉，即由于组织取代了财产成为权力的主要来源，所以财产现在可以被忽视。

第 6 章

权力的来源——组织（1）

1

　　作为权力的第三种来源的组织通常与财产有关，而且或多或少地也与人格有关。然而，与财产和人格相比，组织更为重要，且在现代越来越重要。"任何集体、阶层或群体都不可能单纯靠自己来产生和运用权力。必须有另一个要素发挥作用，即组织。"[①] 学者查尔斯 · E. 林德布洛姆认为，包括政府在内的组织，是所有权力的最终来源。[②] 因为财产和人格只有在组织的支持下才能发挥作用。虽然组织无处不在，但是人格和财产与组织的结合方式多种多样。人们只有首先了解权力的构成要

---

① Adolf A. Berle, Jr., *Power,* New York: Harcourt, Brace and World, 1969, p. 63.

② "某些人相信财产是根本性的权力源头，但财产本身只不过是政府所创造的一种权威形式。" Charles E. Lindblom, *Politics and Markets: The World's Political-Economic Systems*, New York: Basic Books, 1977, P. 26.

素，才能弄懂各种权力来源结合起来所发挥的作用。

2

词典中对"组织"的定义是："为实现某种目的或完成某种工作而联合起来的若干个人或团体。"这一定义表达了组织的关键特征。从某种程度上来说，参与者为了追求某些共同目的而服从于组织的目的，而这通常又能赢得组织外的个人或团体的服从。然而，组织内部和外部服从的关联性和程度差异却大得惊人。军队就是一种组织，它具有强大的内部结构来给每个军人安排适当的地位和权威，它要求成员高度服从。

美国政党同样是一种组织。然而美国政党的内部结构很大程度上是不存在的；同样，其成员服从于政党的目的也并非清晰可见。那些通过调整自己的信念或情感来符合他所相信的政党的意愿的人，可能会被称赞为政党的忠实追随者，但也可能被讽刺为政党的走狗。而作为组织的政党赢得的外部服从往往是不稳定的，而且通常很少。

公司也是一种组织。它要求高度的内部服从，与政党相比，它涉及的领域有限，主要涉及货物和服务的生产和销售相关活动，尽管不限于此，但范围很窄。它获取外部服从主要是通过消费者购买和利用其商品与服务来实现的。同时，它也试图获取国家对其目的的服从。

政府也是一种组织。它通过灵活多样的方式来实现成员对自身的内部服从，从而追求各种外部目的。在军事问题上，组织成员的内部服从是绝对的，违反纪律是绝不允许的。正如刚提到的，采取军事手段时，同样要求外部的绝对服从。在政府的其他领域，对政府目的的内部服从的要求便降低了，这里允许一定程度的善意的自我表现。此外，在外部服从上，比如对交通规则、禁止偷盗和随地扔垃圾的法规的遵守，要求也相对较低。

"组织"一词所包含的参与者、目的和服从程度也是千差万别的，以至人们的第一反应就是想知道这一主题所具有的意义。事实上，组织观念必须遵守令人惊讶的全面且一致的规则。组织能产生惩戒权力；在与财产结合后，它又能产生补偿权力；更重要的是，尤其是在现代社会，它能产生定调权力。事实上，正是通过行使定调权力，大多数的组织才得以形成。

在作为权力来源方面，组织具有三种特征。首先是双向对称性：组织只有获得内部服从才能获得外部对其目的的服从。对外权力的强度和可靠度都取决于内部服从的深度和确定性。

其次，组织的权力取决于它与其他权力来源的结合（这一点将会在下文讨论），以及它的行使手段，这一点并不让人意外。当组织能有效运用三种手段（即应得惩罚、补偿和定调）时它便拥有强大的权力；相反，如果不能有效运用或缺少这些手段，它的权力便微不足道。

最后，我们可以发现，组织的权力与服从的目的的数量和多样性之间存在联系。除了国家这一明显的例外，组织试图通过自身权力所实现的目的越多，其在获取成员的服从方面的能力就越弱。

这些明确的原则及其应用，我将在本章和下一章进行论述。

3

组织的双向对称性是极其明显且重要的，但让人感到奇怪的是，这往往也是最经常被忽略的特征之一。如前文所指出的，个人服从于组织的共同目的，而且组织通过这种内部权力行使来获得对外强加其意志的能力。外部服从依赖于内部服从。这一点是所有组织性权力行使中不变的特征。

工会很好地说明了这一点。其成员虽然各有偏好或个人计划，但都接受了在工资、劳动条件，以及其他福利方面的目标。无论自身需求或愿望如何，他们都能在罢工时放弃工作和报酬。

在这方面，内部服从决定这一工会的外部力量，即其所具有的赢得雇主或者政府偶尔的屈服的能力。当工会团结度高，即内部管制或服从有效运行时，实现工会需求或罢工行动成功的机会就会很大。这样，权力便得到了有效的行使。如果罢工中掺杂着工贼、工奴、内奸，或其他带有抵触情绪或顽固不化的工人的话，罢工成功的可能性便会降低。因此，外部权力源自内部权力。

与工会一样，所有的组织都如此。纪律严明、内部服从能力强的军队便具备了对外行使权力和有效抵御敌人的能力。相反，缺乏严明纪律的军队则不具有此种能力。在 18 世纪和 19 世纪，弱小的英国军队和英国人领导的印度军队在向马德拉斯和加尔各答的北部和西部推进时捷报连连，在这一过程中，他们始终能战胜在步兵数量上占优势和偶尔使用先进大炮的敌人。虽然存在诸多苦战，但他们没在任何一场战争中败下阵来。这是因为，英国军队从其强大的内部组织中获得对外时所需要的力量。在必要的时候，每个士兵都具有为实现军队目标而甘愿牺牲的觉悟。敌对的印度王室士兵则没有这般服从，相反，他们更关心个人安危。这样，在内部权力没有充分发挥时，外部权力也就相对减弱。

还有诸多其他的例子可以说明这一点。现代公司在生产和销售产品上的有效性，即赢得外部服从的能力，取决于其内部组织的质量，即雇员对公司的服从广度和深度。在公司基层员工中，这种服从要求并不如此紧迫，因为补偿权力的日常行使便能赢得足够的基层员工的服从。（事实上，在工作时拥有高昂的士气，即具备定调权力，同样是重要的。比如，近年来，在解释日本工业所取得的成功时，就充分强调了这一点。）对于更高的管理层，情势会发生明显变化。此时，全身心地服从于公司的目的是必要的，任何与公司目的相违背的发言或行动都是无法想象的。任何高层管理人员都不会擅自主张他家工厂的香烟会致癌，他家工厂的汽车不安全，他家药厂的药物在疗效上让人怀疑。他们也不会擅自声明他家公司所推动的政治动议，比如提高折旧提存或减少外国竞争，与公共利益相冲突。对外权力依赖于这样的内部管制。这种服从通常需要通过支付高工资来获得，但如果认为工资就是决定性因素，那就大错特错了。对公司目的所具有的信仰，即定调权力，明显具有更为重要的作用。

定调权力不会伤害服从者，也很容易为他们所忽视。很少有人会像现代公司高管那样，如此心甘情愿地、完全地服从组织的权力，却意识不到。由于高管们是无意识地服从于公司的，所以他们并不感到可耻或痛苦。就像托尔斯泰小说里的士兵，他们对军团的规则的服从让他们能从做决策时所经历的苦思冥想中解放出来。同理，公司的信念和需求也能为人所接受。①

4

在国家机构、职业联盟、有组织的赛事以及有组织的犯罪中经常能看到组织权力对内与对外展现的关系。在一个公共机构里，比如在美国的国防部或国务院，没有比缺少对内部的反对派的管制，更容易导致机构对外权力的严重削弱的了。因此，必须持之以恒地压制这些反对声音。在瓦解医生对病人的权力上，没有比一个医生接二连三地对另一个医生业务能力的偏激批判来得更厉害的了。因此，行业规则禁止了这类批判。由此可见，内部的行为规则能保护权力的对外行使。团体合作是对组织权力的充分的有条件服从，也是有组织赛事取得成功的关

---

① 尽管对于那些当事人而言，说完全没有矛盾是不可能的。关于这一点，参见威廉·H. 怀特的《组织人》一书中那发人深省的章节"管理者的自我"（New York: Simon and Schuster, 1956, p. 150-156）。怀特引用了一个董事的话："我们最近公布了一则招募工程师的广告，在里面，我们对工程师的要求是'遵守我们的工作模式'。某些人误解了这则广告，结果应聘时对我们组织所需要的东西大放厥词。"

键。① 有组织犯罪同样如此。任何黑帮都不能容忍其成员与警察公开或暗地里合作。任何内部管制的失败，即成员不符合组织目的的行为都会招致强烈的，经常是致命性的后果，这一点是可以预料到的。管理组织权力的原则一旦确立便会到处渗透。

而且，这样的原则也决定着政治权力的行使。美国政党的对外权力，即它赢得非党内人士的服从的能力是可以忽略不计的，因为它不具有内部管制或服从。这一原则进一步延伸到政府权力行使的领域。自 19 世纪到 20 世纪上半叶，普鲁士具有强大的对外权力。这是因为在普鲁士人的思维里，个人对国家目的必须有绝对的内部服从，包括对军事公司的内部服从。美国在二战时的对外权力，即其所具有的将自身意志强加到盟军以及德国和日本身上的能力，是其人民对国家目的的强烈服从的孪生儿。然而，在越南战争时，国内对

———————

① 关于权力的来源和手段，一个有趣且令人深思的隐喻是运动队，比如美国的职业橄榄球队。体育评论隐晦地表示，权力的一切来源和手段都是人为操纵的，而且都认为球队获胜在于对其有效地利用。这些来源包括：人格（教练和较引人注目或能发挥较大作用的球员的人格）、财产（资助一支球队需要相当于一个以上村庄的资源），最重要的是，由教练和球员组成的高度复杂的组织。权力的行使首先来自教练、球员以及相关人士的应有指责的威胁；其次是薪金或补偿权力，在这个问题上，球员绝不会持事不关己的态度；最后是在追求胜利时所表现出来的训练有素和随机应变。能将这些权力要素强有力地结合起来的球队将会获胜，它能让对手甘拜下风。不仅体育比赛如此，生活也是如此。

越战持有矛盾意见，或许有人会说这是幸运的，但这一点导致国内难以形成类似的服从，结果就是美国的对外权力在对抗更为弱小的敌军时衰弱不少。当大部分人认为国家对外权力的行使是不明智或不负责任的时，内部权力是很难形成的，反之亦然。

5

正如补偿性奖励与作为权力来源的财产有天然的联系，社会调控与组织也有着重要的关联。由于这种关联太理所当然了，所以它很少会引起注意，甚至很少被觉察到。追逐权力的个人或团体组织起来，然后自然而然地开始劝服工作。首先，召开一个会议，会议中未直说的目的将加强组织内部人员的信念，让内部力量最大限度地团结一致。当这一任务完成后，接着就是进行对外宣传或教育。

组织对内和对外行使权力的对称性扩展到行使手段上。当对外权力主要依赖于调控时，对内权力也是如此。反之亦然。对于惩戒权力和补偿权力，情况同样如此；当在对外方面利用它们时，在对内方面同样会利用它们。

在行使定调权力时，政治、宗教或其他团体要想有效地对外宣传其目的，就必须说服其成员始终不渝地信服本组织的目的，这一点被视为理所当然。这也说明了为何历史上那些高度组织化的团体，比如教会、政党，甚至城市的政治机器的权力展现就是一部关于力求消除异端邪教的编年史。那些组织之外的不服从者可能会遭到谩骂，但多数情况下，与内部异议者相比，他们所能引起的反感和愤怒较少，引起的关注度也较小。

因此强有力的组织要获得最大的对外影响的话，就必须认真处理其成员的内部调控问题。军队招募的新兵或中央情报局招聘的新员工都要接受严格认真的训练，以培养对组织目的的服从。这一过程就叫作信念灌输，这个术语证明了这一过程主要目的是赢得新人的信服。只有当这种信念得以确立后，这个人才会被认为有资格为组织的对外目的奔走效劳。在绝大多数情况下，精干或优秀的官员或军官都是那种相信自己所做之事，即相信自己组织或队伍的人。对那些冲撞调控观念的异议者（比如五角大楼里的告密者、不恰当地抒发己见的国务院官员以及中央情报局中的惯犯）的处理方式正好说明了这一点。

在与财产的结合中，组织不仅具有补偿权力，而且有时也具有定调权力。通过补偿性手段，即向公众提供某种值得付款购买的东西，公司赢得大量的外部权力。挣得的钱反过来用于提高雇员的工作积极性，加强组织对他们的补偿权力，同时也能为组织的产品做宣传推广。也就是说，组织同样能利用定调权力，即通过优质的产品或服务来培养消费者对本公司的忠诚，而这一忠诚不受价格的影响，即购买商品时不以价格为考虑重点。那些参与宣传和销售商品的人具有高度的自信，这是一件好事。对称性在这里再次体现出来，尽管它不是普遍的，在说到某人"相信自己所做的推广"时，人们会感到很惊讶。

对称性最终延伸到惩戒权力。正如之前提到的，军队通过应得惩罚，即通过威胁或事实给予敌军极其血腥和痛苦的惩罚，来将自身的意志强加给敌军。它赢得内部服从则主要靠调控，即向士兵进行信念灌输，让他们信服军队的目的并认可士兵对指挥官的绝对服从的必要性。此外，这种调控通过军饷，即补偿权力得到加强。但在士兵有违规乱纪行为的时候，与对外行使权力相似，军队内部也会采取各种强制性的应得惩罚措施。所有军事组织都认为惩罚措施是必要的。所有的军事法庭或类似机构所实施的应得惩罚措施都比普通的民事法庭更严苛。因此，战斗过程中，己方士兵甘愿冒风险向其对手实施应得惩罚，这种意愿通过一种认识得以加强，这种认识就是如果自己没能给敌人施加这样的惩罚，自己将会受到同样的惩罚，而且惩罚力度是更大还是更小也不好说。

在其他事例中同样能看到对内权力和对外权力之间的对称

性。过去，工会在纠察线上对冥顽不灵的雇主采取暴力手段，同时，工会也会对内部的嫌疑分子或动摇人员采取同样的手段或威胁。黑手党和其他犯罪组织通过事实使用或威胁使用惩戒权力来获得对外权力。他们也会采取同样的手段来确保内部成员的服从。在处理权力问题时，很少有人会采取极端手段。但在行使权力时对内手段和对外手段之间的对称性已经足够明显，这是可以预料的，甚至跃然眼前。

第 7 章

权力的来源——组织（2）

1

对内权力和对外权力之间的双向对称性是一个组织赢得服从的首要条件。现在将讨论另外两个条件。如前所述，一个是与其他两种权力来源的结合以及对三种权力行使手段的利用，另一个是目的的多样性或集中性。

一个以领导的形式获得财产和人格的组织很明显能从三种权力来源的结合中获取权力。如果组织能够自由地利用所有惩戒权力、补偿权力以及定调权力，那么，其实力会进一步增强。关于这种权力来源的结合和行使手段利用的最鲜明的例子就是极权政府。极权政府能将所有的手段和来源用来处理政府内部事务以及对称性地处理以大部分公众为对象的外部事务。

在对内方面，纳粹德国政府所使用的权力来源包括希特勒的人格、第三帝国的财政资源（即财产），以及扎根于普鲁士国家传统的效率甚高的官僚机构。在处理内部持不同政见者（比如在纳粹统治早期对希特勒掌控政党具有威胁的恩斯特·罗姆，又比如1944年7月20日反抗的军官们）时，德国政府采用这些手段来对其进行应得惩罚。补偿权力同样能起到维持官僚机构的作用，比如党卫队和盖世太保；纪律处分传统所具有的隐性调控作用和对希特勒、戈培尔以及纳粹党的公开宣传所具有的显性调控功能同样对维持官僚机构发挥作用。这就是纳粹德国政府的对内权力的实际情况。

在对外方面，它也采用同样手段来迫使全体民众一致服从。这表现为集中营所采取的惩戒行动以及补偿措施。补偿权力原先来自公共工程，即高速公路建设，后来来自政府与军火商签订的大宗订单合同。而且，定调权力同样存在，一方面表现为服从国家的传统中所具有的隐性调控，另一方面表现为与民意垄断或接近垄断相结合的宣传中所具有的显性调控。长期以来，人们倾向于将权力（比如纳粹德国所行使的权力）与单一权力来源或单一行使手段（在德国是指，希特勒的人格、对党卫队的恐惧、集中营所起到的特定说服作用，或戈培尔的宣传工作）联系起来。将权力所依赖的多元化结构综合起来进行分析的重要性不言而喻。

人们可能注意到，在二战中，美国和英国政府在应对希特勒时采用与德国一样的权力来源以及行使手段。美英与纳粹德国完全不同仅是一个神话，因为事实上各方的差异仅在于各种权力来源和手段的强度大小，以及权力来源和行使手段结合方式的不同。罗斯福和丘吉尔的人格所具有的重要性是众所周知的。尤其是在美国，源于高度发达的工业体系的经济资源，即财产，是重要的权力来源。美国和英国都有大规模的组织。在相同权力来源之下，所采取的行使手段也是相同的：对公开支持敌人的少数人进行应得惩罚、实行工作奖励或其他类型的补偿性奖励、强大的社会调控力量（即爱国主义）。

　　重复一遍，无论对内还是对外，双方阵营的差异仅在于这些手段的强度以及相互结合的方式不同。在美英，应得惩罚在赢得服从上作用甚微，整体而言，同样无甚作用的还包括显性调控或宣传，尽管不能完全忽视其作用。当然，补偿权力是重要的。但效果更佳的手段是隐性调控，即自愿或在某种程度上自动认可国家目的。在这一点上，那句直白的话道出了一定的真理：事实上，自由的力量远胜于独裁的力量。也就是说，催生对公共目的的自发性认可的隐性调控比纳粹在很大程度上所依赖的露骨的宣传或威胁实施应得惩罚更加有效。

　　由于政府将财产和人格结合起来并且充分利用各种行使手

段，所以它是一个特别强而有力的组织，具有非凡的权力。因此，人们不可避免地以一种敬畏，有时甚至是恐惧的目光来看待政府权力。在所有文明社会，对政府权力行使进行限制便成为一种共识，尤其是对政府使用惩戒权力的限制。然而，当人们面对不恰当的以宣传形式进行的显性调控时会公开地表达出一种强烈的反感情绪，甚至还会对作为权力来源的隐性调控表示批评，比如，前面提到的大肆鼓吹爱国主义或其他条件性信念的政治家就会遭人唾弃。

2

政府如此，其他组织也都是如此。组织所具有的获得服从的能力取决于与其自身相结合的其他权力来源，即人格和财产，也取决于所使用的权力行使手段，即显性或隐性定调权力、补偿权力以及惩戒权力。然而，影响组织权力的还有第三种也是最后一种因素，即组织目的的数量与多样性。如果组织的目的繁杂多样，那么要产生特定效果就必须（比组织目的少且明确时）使用更多的权力来源和行使手段。正如前面已经指出的，美国政党的权力微弱。而这并不是因为其所能依赖的权力来源或所能采取的手段有限，而是因为其所追求的目的繁杂多样。要行使对外权力，政党就必须在经济、外交政策、军事政策、公民权利、福利政策、医疗、教育、社会问题以及一系列其他问题上达成共识。而这种共识往往是不可能达成的，因此政党的对外权力就无法行使，也不会产生影响。

与当代虚弱的政党形成鲜明对照的是强而有力的针对单一议题的利益集团，比如反对（或支持）堕胎组织、女权组织、枪支管控组织、提倡校车组织，以及支持（或试图阻止）在学校开展宗教活动的组织。这些组织都是卓有成效的，因为其成员可以在单一议题上团结一致，而这种团结是在多议题上无法形成的。因此，内部服从大大加强了外部权力。[①]

然而，这并不意味着单一议题政治就特别强有力，这一点是如今的普遍误解。在堕胎、向公立学校派遣牧师，或渴望自由买卖枪支等议题上，全体选民可围绕着信念而凝聚在一起，而且通过这种团结来有效地行使对外权力。但这些议题在公众关注的范围内属于无关紧要的问题。因此，超出一定范围的话，选民的规模很难扩大，对外权力也是有限的。同样，议题的缩小能让相反的调控或信念更为可能且有效，这一点将会在下一

---

① 那些追求单一政治议题的人将有效的组织视为主要的权力来源。而且，组织与财产相结合，也经常与有效的人格相结合。菲利斯·施拉夫利、杰里·福尔韦尔牧师、奥拉尔·罗伯茨牧师和其他人都证明了人格的作用；这些人所筹集的资金正反映了财产的重要性。

章进行讨论。

3

　　说到组织是一种权力来源时，需要注意这么一点：虚幻的权力是必须面对的，而且这十分重要。正如我们所看到的，组织在与权力行使手段相结合上，最重要的是与具有很高主观性的定调权力的结合。因条件性信念而服从的人意识不到自身的服从，因为他们是在信仰过程中自然而然地服从了，所以这种服从看似合情合理。而且，也不存在客观标识来告诉他们谁在操控定调权力。在总得服从时，人们或许会自认为这是自己被说服的结果。或者说，说服行为会被误认为是结果。因此，当人们实际上并没有行使定调权力时，他们却想象着自己正在这么做。而另一些人可能认为定调权力存在于它本不存在的地方。这就是我们这个时代司空见惯的假象。一位作者在面对其不赞同的行动时写了一本书来支持自己的目的，虽然他的书看似不能吸引众多读者，但他相信自己行使了权力。进行演讲的政客，以及那些写社论、专栏，或有思想倾向的新闻报道的记者同样如此。虚荣心在增强这种自我印象上效果拔群。实践中，很多所谓的政治权力就是权力幻象。媒体的权力同样如此，这一点将在之后进行讨论。

人格与权力幻象之间存在着明显的联系。人们极易相信自己具有说服他人的能力。这一点尤其可能在已经提到的综合人格上体现出来。当组织成为主要的权力来源时，权力幻象的范围将会异常地扩大。那些试图行使权力的人可以通过召开会议、组建委员会、建立组织、出席将举行的聚会、阅读相关的新闻稿和宣言等方式来给自己留下行使权力的印象。行使权力、赢取服从的意图会因行为过程而得以满足，而无须特定结果。在这些例子里，作为权力来源的组织充当了权力行使的替代物。

要理解定调权力和作为权力来源的组织，就必须牢牢记住现实权力与权力幻象之间的差异。在之后探讨军队的实际权力相对于和平组织，公司的实际权力相对于消费者联盟以及追求各种公共改革的公民组织时，这一点极其重要。

4

权力，尤其是来源于组织的权力，并非简单明了的事物。强有力的组织隐藏了太多的东西。而且对组织权力的限制尚未出现。因为，当一些人和一些组织试图扩大自己的权力，即赢得他人对他们自己或集体意志的服从时，其他人也试图抵制这种服从。此外，正如人格、财产和组织，以及相关的权力行使手段可以用于扩展权力，它们同样可以用于抵制服从。限制权力行使的正是这种抵制，而不是任何对权力来源或权力行使手段的内部限制。

第 8 章

权力的辩证性（1）

1

到目前为止，我们关注的都是权力是如何行使和扩张的，我们也必须了解权力是如何遭到抵制的，因为对权力的抵制与行使都是权力现象的组成部分。如果没有抵制，权力将无限扩张，以致所有人都必须匍匐在精于权术的人脚下。

事实上，现代社会或多或少是在行使权力与抵制权力之间维持着平衡。现在，我们将讨论这种平衡的本质，即权力如何自我设限以及自我削弱。

2

在遭遇难以接受的权力行使时，人们的第一想法并不总是（或许一般不会）寻找抵制它的方法，而是想着如何瓦解它。也就是说，如果所行使的权力是不正当的、违法乱纪的、压迫性的或恶毒的，就应该对其进行限制或阻止。政府太强大了，所以应该让它变得不这么庞大、不这么粗暴，而且不这么全面，即削弱政府的权力。公司太强大了，就要通过反托拉斯法来将其分割。工会太强大了，就要解散它们，或让它们服从于给予劳工自由选择加入工会与否的权力的劳动法。如果男人支配着女人，就要说服或要求他们不再摆架子，以平等地对待女性。

寻求限制或阻止权力的行使，似乎是符合逻辑地应对权力的第一反应。然而，在实际操作中，人们并不经常采取这种措施。而且在那些拒绝服从的人看来这也并不是最有效的。对待难以接受的权力行使的最为有效的回应是建立反制权力的立场。应对肆意征税的问题，应建立针对这种行为进行惩罚的组织；应对强制征募问题，则建立抵制征募的组织；应对侵害公民自由权利的问题，则建立保护这些自由的组织；应对大男子主义问题，则建立为女性权利发言的组织。

无论大小，所有事情都是如此。应对雇主暴权的方法是建立工会；应对工会霸权的方式则是确立劳动法。应对来自宗教权威的难以接受的暴权的方法是建立对抗性的教会和教义。如果卖家要价过高，买家可以彼此联合来进行集体抵制或讨价还价。如果教师在课堂上表达的性观念过于开放，家长可以一起主张青春期时守护贞洁的价值。在权力行使的多数情况下，人们会自然而然地付诸抗衡性手段。[①]

应对权力行使的方式有两种：直接应对和间接应对。直接应对方式寻求利用人格、财产和组织，这些权力来源又让其能够利用惩戒权力、补偿权力以及定调权力。这些权力行使手段之后将会被用来抵制原始权力。或者，可以通过寻求国家权力的帮助间接行使应对权力。如果公司或工会在行使权力时为人所不齿的话，政府将通过管制来限制其权力的行使。涉事公司也可能通过行业法规让自身得以缓解。现代政治活动中，有很大一部分都试图获得国家权力来支持或抵制某种权力的行使。

3

几乎所有权力的展现都会引发一种对立性权力的展现，尽管后者不一定与前者势均力敌，对此，我们可以将其视为一条

[①] 在《美国资本主义：抗衡力量的概念》（*American Capitalism: The Concept of Countervailing Power*, Boston: Houghton Mifflin, 1952, 1956; M. E. Sharpe, 1980）这本具有狭义的经济学语境的书里，我首次使用这一术语和概念。经济权力经常受到相反权力的制衡，我始终坚信这一观念，并且它自我首次提出之后已在一定程度上获得认同。然而，在那本书里，我对随之而来的平衡看得过于乐观。

规则。任何试图让一些人服从另一些人的意志的努力都会在某种程度上遭到抵制。对立性权力的相对有效性取决于原始权力运用的程度和有效性。

从另一方面看，在意图扩张权力的行动和抵制权力扩张的行动之间，我们可以发现一种显著的对称性。这种对称性延伸到权力来源以及权力行使手段上。源于人格的权力通常会由强大人格来回应；源于财产的权力通常会由财产来回应；源于组织的权力通常会受到组织的反制。权力行使手段同样如此。应得惩罚遭到应得惩罚的回应，补偿性奖励面对补偿性奖励的回应。若行使手段是社会调控，无论是显性的还是隐性的，其所面临的抵制也都将使用同样的手段。当然，这里也有例外，即某些特殊的权力行使会不受这种对称性框架的束缚。我将马上提到这一点。然而，在权力的辩证性中对称性是普遍性法则。雇主与雇员之间、资本家与劳动者之间的经典斗争再次说明了这一点。

当工人们首次尝试在工资和劳动条件方面不再向雇主权力屈服时，人格和对立人格在权力行使以及对它的抵制上至关重要。1892 年在宾夕法尼亚州西部卡内基工厂发生的大罢工中，由休·奥唐奈（Hugh O'Donnell）所领导的罢工队伍响应了亨利·克莱·弗里克（Henry Clay Frick）的强大人格。工人们所采取的谴责行动遇到了同等的回应。这回应首先来自企图借水路在工厂登陆的以平克顿为首的罢工破坏者的小舰队，在罢工破坏者失败后，随之而来的便是宾夕法尼亚州州长罗伯特·E. 帕蒂森所派遣的七千多人的部队。[1]

　　20世纪30年代美国那场大规模的劳工冲突同样是围绕着人格展开的。私营钢铁大亨欧内斯特·韦尔和汤姆·格德勒具有强大的人格，他们面对的是由同样具有强大人格的约翰·L. 刘易斯和菲利普·默里所领导的工会。在底特律，由福特高标准服务体系（Ford Service）的负责人哈里·贝内特支持的第一辆福特汽车，在遭到鲁瑟兄弟以及全美汽车工人联合会（the United Automobile Workers）里其他坚定的先驱者的反对时，采取了惩罚性的强制手段，即雇用了大量当地的打手、恶棍、无业游民和一些平庸的人。由此可推测，惩罚性行动与惩罚性反应存在着关系。1937年5月26日，发生了著名的立交桥大战，美国国家劳工关系委员会（the National Labor Relations Board）在谈到福特的主要工厂时说："福特的胭脂河厂区承受了如下的遭遇：这里由军法来调控，而且巨大的军事组织着手

---

[1]　Philip Taft, *Organized Labor in American History*, New York: Harper and Row, 1964, pp. 136-42.

管理这里的普通百姓。"①

　　结果，组织（连同财产）取代人格成为雇主权力的来源。并且，行使手段以及工人回应时的权力也相应发生变化。20世纪30年代，有强大人格的公司领导通过直接且暴力的方式反对工会，这些领导包括福特、韦尔、格德勒以及蒙哥马利-沃德公司的休厄尔·埃弗里。通用汽车公司和美国钢铁公司等组织人员则没有采取同样的惩罚性回应。当然，财产还是一种权力来源。组织本身却自然而然地倾向于谈判，而不太考虑个人虚荣心（以及财产的私有权）。工会在不久之后也对称性地以类似的权力来源以及行使手段做出回应。除了少数例外，个人领导不再是主要因素，而暴力也减少或消失。一开始，表现为罢工基金形式的财产成为工会权力的一个重要来源，并赋予其扩大和持续罢工的能力。然后，稳固的组织便成为更重要的权力来源，而且提供了谈判中的回应技巧以及将工会的案件向社会公布的应对能力。一位不知名的负责劳工关系的副总裁会作为资方坐下来与代表工会的另一位同样不知名的主管领导进行谈判。这场罢工象征着财产这一权力来源的失败。不得不承认，双方的权力来源都是组织。正如所料，让组织权力更为

---

① Allan Nevins and Frank Ernest Hill, *Ford: Decline and Rebirth, 1933-1962*, New York: Scribner's, 1963, p. 150.

有效的方式就是说服，即一方说服另一方，以及说服双方所在的共同体的大部分成员。定调权力几乎完全取代了惩戒权力和补偿权力。

4

权力来源和抗衡性回应之间的对称性在劳工关系中有着非常典型的表现，而在其他领域，同样具有这种表现。如前所述，在第二次世界大战中，反常、邪恶但具有不容置疑的强大人格的阿道夫·希特勒遭遇到同样如此的丘吉尔、罗斯福、斯大林和戴高乐，这似乎就是一场自然而然，甚至不可避免的人格之间的对垒。事实上，丘吉尔之所以能上台很大程度上是因为1940年的英国急需一个与德国元首不分伯仲的人。由于这个和其他的原因，丘吉尔以其更为强大且坦率的人格取代了那个体制内老人——内维尔·张伯伦。①

在现代，核弹中隐藏着让人畏惧的惩戒权力，而且一个超级大国发展和部署核弹，另一个超级大国也会以类似的行动来

---

① 在第二次世界大战使用的三种权力来源（人格、财产和组织）中，敌对战争领导人的人格是迄今为止最受关注的。这并不意味着，与财产或组织相比，它对敌对行动的结果最为重要。它只是最容易接触到大众的态度。财产，尤其是组织，不那么显眼，不那么引人注目，但肯定更重要。

回应。对于这种不祥的对称性，我会在之后进行更为详细的讨论。公司试图通过广告，即定调权力，来扩大其对消费者的影响。广告试图征服的对象则求助于承诺揭露产品真相或要求广告如实拍摄的组织。公司试图通过对相关股东给予补偿性利益的方式来收购另一家公司。为了抵制这样的收购，作为收购对象的公司竭力从现状中获得更大的回报，或者通过另一种更可接受的权力来源来进行抵制，组织和筹集资金来为本公司赢得支持。那些反对这一目的的人组织和筹集资金来说服公众相信由此产生的成本。政客组织的建立会激起与其唱对台的组织的建立；政客对金钱的诉求同样会引发对手对金钱的诉求；如果政客具有非凡的个人魅力的话，那么可以想象，他的对手同样是个魅力非凡的人。对称性贯穿于权力来源及其行使手段。

5

一方面必须假定在行使权力和回应权力时存在对称性，另一方面这种对称性又不是不可避免的。通过自身所具有的不对称性，抵制或抗衡性权力得以深化自身的影响，在历史上存在着突出的例子。

这种不对称将在第 10 章关于宗教权力和世俗权力之争中

进行讨论。在早期基督教时代，世俗权力依赖于人格并易于通过惩戒行动来付诸实践。而世俗权力所面对的宗教权力，虽然同样依赖人格和财产，但更为依赖组织。通过组织，宗教权力获得社会信念，这是宗教权力始终能有效行使的工具。

近些年来，最为出名的在抗衡性权力行使上的非对称性例子便是抵抗英国对印度的统治的莫罕达斯·卡拉姆昌德·甘地以及反对美国种族歧视，信奉甘地的马丁·路德·金。英国在印度的权力主要源自精心树立起的总督和英王或英女王的个人形象，同样精心地培育的税收（财产）资源，以及出色的负责印度民生和军事的行政管理组织。对于掌权者以及冀望英国能实行善意统治的接受了社会制约的人来说，虽然补偿性奖励并不是不重要，但最重要的手段还是来自军队和警察所实施的或威胁实施的惩戒。甘地在对抗上述英国统治手段时，利用的是自身强大的人格和庞大组织，以及关于印度人有权自我统治的社会信念。然而，出人意料的是，甘地并未接着建立一支军队来对抗英国军队，即以牙还牙、以眼还眼。相反，他在应对英国统治时采取的是非暴力手段，即消极抵抗，[①] 包括间歇性地抵制纳税或法院运作、拒绝服从警察命令，以及其他在民事上

---

① 更准确地说是甘地为与单单消极抵抗相区别而提出的非暴力的消极抵抗和不合作主义（Satyagraha）。甘地将其定义为"源自真理和爱或非暴力的力量"。

不合作的特定行为。这种与公认方案相违背的做法引发了极大的怀疑，由此便可看出对称性假定是多么深入人心。尽管如此，英国政府本预想在数小时内打败甘地召集来的"叛军"，但在处理这种非对称性抵抗时，却在经历了反复失利后败下阵来。马丁·路德·金在美国南部所进行的活动基本与此如出一辙。如果著名的塞尔玛游行的参与者和当地警察发生冲突，那么他们很容易被制伏。然而，他们拒绝采取暴力手段来回击暴力，而选择使用一种不甚明显却更难以击溃的战术。"非暴力抵抗让剑指本次活动的权力结构瘫痪和混乱。"[1]

尽管如此，对称性仍然是权力来源和行使手段的法则。这一点在许多格言中得到肯定，比如"以毒攻毒""针锋相对""以剑为生者亡于剑"。圣雄甘地和马丁·路德·金之所以成名，是因为他们所取得的成功，更是因为他们打破了被广泛接受且人们已经习惯了的权力的辩证性。

---

[1]　Martin Luther King, Jr., *Why We Can't Wait,* New York: Harper and Row, 1964, p. 30.

第 9 章

权力的辩证性（2）
——权力的规制

1

基本的权力辩证性，即权力间的对立以及彼此的对称性行使，与现代国家有着密切的关系。团体或个人通过寻求国家的支持来赢得他人的服从或抵制他人权力的行使。这种努力扩展为第二种和第三种表现：试图让国家直接制止权力滥用或者让国家反对这样的制止。因此，正如前文所提到的，在 19 世纪，雇主成功地通过国家干预来压制作为工人权力来源的工会。在 20 世纪，工会成功地让国家出面来对付雇主用来反制工会的权力手段，从而得到了保护，防止警察滥用惩戒权力、以收买罢工破坏者为表现形式的补偿权力以及各种演说中存在的定调权力。反过来，雇主们也团结起来争取工作权法的通过。我们可以看到，这些立法的目的在于防止工会通过蛮横手段让其成员或者仍未加入工会的潜在成员不正当地服从工会。

权力辩证性不简单，对权力进行规制和控制的过程也不简单。首先我们需要知道，国家通过各种方式进行干预，不仅包括权力的三种行使手段，有时更包括对权力来源的类似但绝不相同的保护。

具体而言，现代民主国家的规制手段主要依赖惩戒权力，相对较少地依赖补偿权力。一般而言，如果存在争议，国家会保护大多数定调权力的行使。再说回权力的来源，整体而言，国家是容忍源于人格的权力、保护源于财产的权力，并多少能应对源于组织的权力的。反过来，这些趋势正控制着对相关联的权力的辩证性以及那些寻求国家出面来行使权力或压制权力行使的人的影响。国家在这些问题上应扮演何种合适且合法的角色？这在政治或其他公共问题讨论上，哪怕不是最重要的，也是最基本的问题。

2

所有文明社会都毫不例外地对惩戒权力进行规制。在现代西方社会，根据公众舆论和公共法律，惩戒权力的行使仅限于政府，不适用于妻子和孩子。而国家在使用惩戒权力时会受到严格的规制。比如，美国宪法禁止使用某些残酷且非常规的惩罚；又比如，对明显被公众厌恶的罪犯施以死刑或强制监禁需要进行积极且广泛的讨论。惩罚需要在法律中进行详尽说明以保证与所寻求的服从保持合理一致。针对谋杀的法律需要比针对偷窃或违反交通规则的法律严厉得多。此外，要有庞大的司法机构来负责裁定特定案件中嫌疑人是否有罪以及裁量对被判有罪的人实施何种刑罚。[①]

由于国家垄断了对惩戒权力的行使，所以那些试图利用惩戒权力来获取利益（即寻求他人服从）的人就必须诉诸国家。诉诸强者（有时是次强者）对堕胎、性犯罪、药物滥用、街头暴力或其他行为行使惩戒权力，这俨然成为现代政治风潮的一个重要部分。

运用惩戒权力的规制的准确性和有效性可能是体现一个社会文明程度最为清楚的指标，而且在实践中也受到极大的推崇。

[①] 当然，这并非司法机构的唯一职能。司法机构同样是权力的基本来源之一，因为它们经常在自行裁量范围内根据宪法或立法意图进行裁决。尽管不是毫无遗憾，我还是故意忽略了司法机构在规制权力上所起到的作用。这种取舍部分是出于我对自身能力的考虑，部分则是出于我在这个问题上并没有太多想说的，而且这也不是多么新鲜的问题。

曾存在于现代乌干达或20世纪80年代早期的黎巴嫩的无政府状态的主要特征在于在政府正式结构内外惩戒权力的滥用。中美洲和加勒比地区的特鲁希略、索摩查和杜瓦利埃，斯大林以及德国的希特勒等这些无情的独裁者在很大程度上都因肆无忌惮地行使惩戒权力而广为人知。

3

补偿权力同样受到国家的规制，然而与惩戒权力不同的是，它的使用同时深受法律和习惯的保护。通过补偿权力让他人服从理所当然地是资本主义运作的核心，作为辛苦劳动的报酬的补偿性奖励在社会主义国家虽然鲜有提及，但其重要性却并未因此而下降。尽管如此，多种形式的补偿权力却不被赞成或被确认为不合法，比如明目张胆地收买投票者手中的选票、向公务人员行贿来影响立法、通过回扣来获取客户和合同，以及各种受到法律或公众舆论禁止的补偿权力。

在补偿权力使用是否被允许的问题上，存在着尖锐的冲突。权力的辩证性再一次与国家的许可和禁止相关联。在当代，美国公司必须遵守禁止贿赂外国政府官员和其他人以使其购买本公司产品（也就是让外国政府服从本公司的商业目的）的一般禁令。反过来，这种对补偿权力的规制受到那些认为这种规制会成为与外国商品竞争时的障碍的人的强烈反对。另一个例子是，向立法者直接进行补偿性支付来换取他在有利于自身的问题上进行投票（这种支付是受到法律和社会习俗的强烈反对的），和向该立法者的竞选基金进行补偿性支付，或因其出席了演讲而进行支付。在国家是否应该禁止后一种补偿权力的行使问题上，人们众说纷纭。

4

定调权力十分引人注目，这并不是因为它受到法律的规制，而是因为它在世界上的自由国家受到法律的保护。由于惩戒权力不得由公民个人行使，所以作为定调权力基础的公民言论自由受到特别的保护。然而，这种保护绝非完美的，也充满了各种争议。个人若进行诋毁、诽谤或呼吁血腥暴力手段，就会对正常的权力行使造成威胁，所以，无论在理论上还是在实践中，这些方式没受到保护，而是在多数情况下受到法律的禁止。比如，很多人就认为那些被视为共产主义或有时是社会主义的宣传不该受到法律的保护；在一些时期，包括所谓的麦卡锡时代，人们面对这些宣传时会产生强烈的不安，从而产生对这种定调权力进行压制的诉求并请求政府采取有效行动来实现这种压制。至于哪些形式的定调权力应当受到保护，哪些形式的定调权力不在保护范围内而应受到规制或压制，这一问题尚处于讨论阶段。

美国宪法第一修正案保障了定调权力的自由行使。原则上，这种保护非常宝贵，但事实上，当它用来为不受欢迎或不友善的观点进行辩护时又会受到严厉谴责，与此同时很多人会处心积虑对此进行规避。事实上，宪法对言论自由权利的保障很大程度上是特定时期的偶发结果。这种保障是在定调权力使用变得普遍且成为权力行使的关键之前得以确立的，当时，定调权力的使用仅仅是政体中少数人的特权。如果第一修正案今天再进行讨论，那么会莫衷一是；而且它只有附带诸多例外条款才可能获得通过，比如颠覆性政治宣传、色情、对同性恋和堕胎的鼓励等这些内容必须谨慎地排除在言论自由的保护范围之外。然而，对于这些，也有人会努力使其被纳入保护范围。

5

现在来讨论权力来源。一般而言，国家并不试图限制或规制人格，也没有什么促使国家这么做。过去，社会主义和共产主义国家曾强烈谴责和责难对人格的狂热，这种谴责和责难事实上是针对某位领导人的。现在，在民主国家，人格是受到接纳的，即便在某些场合因作为权力的一种来源而遭到抱怨。富兰克林·D. 罗斯福、约翰·L. 刘易斯、乔治·华莱士、马丁·路德·金和肯尼迪兄弟，这些人所具有的人格在很多人看来是有害的，对此经常进行可悲的刺杀形式的惩戒性行动。然而，国家却不会在政治上付出努力来镇压有害人格。①

至于财产，问题就更为复杂了。经典的社会主义学说认为财产是主要的，甚至全部的权力来源。因此，不应允许个人掌握超过一定限度的财产，而且为了安全，财产应由公众掌握，或多或少地由政府单独掌管。这一原则至今仍受到共产主义世界的尊崇。相反，在非社会主义学说中，财产在作为权力来源方面的重要性使其不能集中在政府手中。

在非社会主义国家，私有财产享有政府的普遍保护。比如，在美国，这种保护是通过宪法保障的正当法律程序来实现的。然而，国家应在多大程度上对财富分配以及随之发生的权力扩散进行干预，这一问题仍有待解决。这一问题反过来成了

---

① 当然，例外也是能找到的。英国在印政府将甘地投入监狱，美国长期驱逐澳大利亚裔劳工领袖哈里·布里奇斯，都是试图直截了当地反对和镇压作为权力之源的人格的例子。

非社会主义世界中关于财富分配问题的政治辩论的主要议题之一。它也引发了对实际问题的探讨，比如反托拉斯法实施的强度、对收入所得采取累进税的适当性，以及其他类型税收的发生率和分配效应。不少政治倡议也会通过这样或那样的方式来将对财产的限制或非限制追溯到它与权力的关系上。[①]

与财产一样，组织同样受到国家的保护和规制。民主国家大力度地保护集会和结社自由的权利。同样，由此产生的权力行使经常受到严厉警告。工会的例子不再赘言。在美国，共产党及其相关机构是否有权存在则反复受到挑战。[②] 三K党同样如此。当然，它们的权利同样受到捍卫。公司由国家管制，在美国，则是由各州所颁布的公司法管制。因此，公司受到政府的全面保护。包括国际或跨国企业在内的公司所具有的权力同样是引人担忧和关注的源头。

在非社会主义国家，权力的辩证性事实上与组织有着千丝

---

① 有时，保守派对财产作为个人权利的保障与自由派（或左派）对财产作为权力来源的重要性的主张之间会趋同。已过世的得克萨斯大学的罗伯特·蒙哥马利是一个持有一些深受质疑的观点的有学之士。几年前，他面对充满保守主义色彩的得克萨斯州立法委员会为自己的观点进行解释和辩护，在被严厉地质问是否支持私有财产时，他回答道："先生们，我当然支持，以至我希望得州的每个人都拥有一些私有财产。"我需要感谢前劳工部长雷·马歇尔为我提供蒙哥马利的回答。

② 尤其是1940年通过的《史密斯法案》。

万缕的联系。① 组织受到保护，同时也受到管制和约束。权力辩证性的强度印证了组织作为权力之源的重要性。一个试图颠覆政权的人会引起警惕并随之受到管控，一个试图颠覆政权的团体则更令人担忧。人们期望政府打压犯罪，更为重要的是打压有组织犯罪。然而，总体说来，作为权力来源的组织受到的保护远多于监管。正如我们可以看到的，对包括权力集中在少数大型组织和分散到诸多小型企业在内的现代权力的行使而言，这一点意义深远。然而，权力的发展和演变则必须首先通过更为广阔的视角来观察。

---

① 在共产主义国家里，权力的辩证性与组织的关系同样是个普遍性问题。尽管异见分子的人格是麻烦的来源，但更麻烦的却是持不同政见的组织。波兰的瓦文萨曾是（而且可能仍是）一个问题，但对国家权力而言，更令人不安的是，他所领导的团结工会对国家权力的辩证性威胁。

第 10 章

权力剧变——前资本主义世界

1

历史通常是围绕权力的行使编写的，权力行使的主体包括皇帝和国王、教会、独裁者和民主政体、将军和军队、资本家和公司。历史同样可以围绕权力来源和权力行使手段来编写。因此，历史演变其实就是人格、财产和组织，以及惩戒权力、补偿权力和显性或隐性的定调权力展现的相对作用的变化。尽管这样的历史编写方式很复杂，但现代工业社会的崛起和刚才提到的要素为我们描绘了历史的大致轮廓。本章及接下来的四章所要讨论的并不是历史，而是这些大致轮廓。

2

前资本主义时期是一个大致 ① 的概念，大概是 16 世纪初期，在马丁·路德布道之前，权力大致被划分给教会和封建贵族。由于封建贵族具有这种权威，所以可以将其转让给正在形成的中央集权国家。至于权力来源，教会的权力来源于超级组织，这种组织是通过富可敌国的财产以及精心描绘与保持的基督和上帝的人格来维持的。这主要是一种定调权力的行使，即人们出于信仰而将自身的意愿融入教会。这样获得的服从遍及宗教仪式和规定，以及世俗行动与行为。这种调控既有显性的，也有隐性的。服从教会、接受教条在那个时代的文化中是一种根深蒂固的信念。这种信念通过父母传给孩童，也被所有社会成员视作自然而然且理所当然。然而，教会并未忽略更为显性的调控，这也是其庞大且复杂的组织所要实现的主要目的之一。主持弥撒和传布福音就是巩固和强化定调权力。相比其他手段，教会的权力更依赖这种手段。

---

① 大致（convenient）这个词必须强调。商业资本主义或被认为的商业资本主义，在意大利、西班牙以及欧洲西北部并非突然出现，也没有一个明确的时间。这是一个逐渐发展的过程，可以追溯到中世纪甚至更早。

3

　　然而，社会调控绝非实行宗教权威的唯一手段。收入同样极为重要，这种收入通过教会财产而产生，或教会从教徒那里接受或征收。这些收入用于支持牧师、教堂和修道院。[①] 在组织的显性调控所未能影响到的领域，这种补偿权力非常有效且事实上不可或缺。在对外方面，教会的财产同样有助于（哪怕是间接地）维持自身的影响。大小教堂就是教会存在与权威的实际表现。无论当时还是现在，进入大教堂就会感受到一种权力的存在，而且明智的人似乎都应崇拜这种权力。

　　正如已经充分说明的那样，补偿权力一般与财产有关。但在这里以及其他地方，这并非绝对。教会权力最强大的来源可能是其在信念上所做的承诺，即顺从者在来世将会得到的补偿奖励。而且这种承诺是十分具体的，具体到天国中的住房、公共设施的质量和可用性，以及天国居民所享受到的和平闲适。

　　伴随着社会调控及其产生的信仰和相关的补偿权力，人们对惩戒权力的使用或威胁使用产生了强烈的说服力。这种惩戒所带来的极度痛苦和惩罚不仅存在于现世，更是直指来

---

① 买卖圣职，这一反复出现的严重问题反映了补偿权力会增强调控性服从。

生。对异教徒的肉刑以及必要时不经审讯便行使的极刑都是被允许的惩戒手段。某些情况下，比如在宗教裁判所，这些手段在程序上获得高度尊重，比如中世纪的莱茵兰城市的大屠杀，这些手段仅是具有深度信念的教徒极力表达信仰的方式。举个更早的例子，在 12 世纪和 13 世纪，清洁派异端——阿尔比异教徒，对法国南部地区构成了实质性的威胁，虔诚的贵族所组成的世俗势力由教皇英诺森三世带领，来支援那里的教会并对异教徒实行惩戒。这一行动在努力之下以成功告终。1245 年，当异端中心蒙特塞尔被占领后，大约 200 名异教徒遭到屠杀，几年之后的 1252 年，以《根绝训令》（Ad extirpanda）为名的教皇训令要求对那些仍抵抗教会意志的人施以惩戒性肉刑。[①]

作为实行宗教权威的手段，对异议者实行火刑以及对活人行使类似的惩戒权力，在宗教历史上是很有名的。（这些手段很难与宗教信念中仁慈所起的显著作用相协调。）毫无疑问，这种行使手段虽不受受罚者的欢迎，却是对潜在的拒绝服从者

---

① 异端邪说的本质是二元论学说，这个学说认为善仅存于精神世界，而物质世界本质就是恶的。清洁派教徒所要求实行的最为严苛的世俗戒律就包括了禁止交媾，尽管这些戒律并没有完全成功。由于异教徒试图扩展自己的祭司结构和教堂，所以，它尤其令人反感。对其的镇压往往被视为宗教裁判所的惯例。

的深刻警告。然而，关于来生将受到的惩罚或奖励的更为复杂的承诺总比这种手段显得重要。此外，虽然道德上的蒙羞总是与肉体惩罚以及酷刑相关联，但是任何坏名声都不能与更为极端的死刑相提并论。在人生总是短暂且悲惨的时代，那些承诺来世将会更美好且更长久的诺言会随处可见，而同样随处可见的便是那些对更糟糕的状况的恐惧。因此，对永恒劫难或奖赏的一般性承诺，及开除教籍或授予圣礼的俗世行为，是强化信念服从的强有力的惩戒或补偿手段。尽管在当代，这些惩罚手段的使用越来越少，但基于这一原因，任何人都不应就此而质疑这些惩罚手段在早期的虔诚社会，即在更受信念所影响的社会中的有效性。

教会的对外权力，一直与其内部管控和权力的对内行使相对应。因此，没有什么比戒律森严且虔诚的神职制度更为重要。教会权力中出现的绝大困境，即阿维尼翁教皇权力衰落和东西方教会大分裂、宗教改革，都是源自内部分裂和戒律失位。对内权力的崩溃会产生对称性的对外效果。

4

在前资本主义时期，现世权力的基础并不像更为复杂的教会权力那样具有典型特征，两者经常发生竞争和冲突。[①] 世俗权力由贵族、封建领主和新兴（而且具有竞争力）的民族国家共同享有。在人格、财产和组织之中，那种勇敢、血腥并令人信服的领袖的人格在传统的历史记录中最受歌颂。尽管人格的重要性毋庸置疑，但它有一个严重的缺点，这些人出现、发挥影响、然后死亡或被杀，因此，现世权力会随之盛衰兴废。与教会权力的来源——持久且永恒的人格相比，这就显得脆弱不堪。

另一方面，财产是封建时代现世权力的持久来源。[②] 实行统治的封建领主所拥有的财富能让臣民或家仆维持生计，更准确地说是让他们有权利生存。财产越多越丰富，其追随者便越多。这样提供的生计是现代补偿性奖励的初级形态。在所有领地里都有明确的认识，即任何不接受封建领主意志的人不仅会受到惩罚，而且经济状况也会每况愈下。这一点似乎可以肯定。

最后，还有组织。完全可以这么说，组织是封建权力的相

---

① 在某些时期，这两种权力集中在一个人身上，这个人同时具有宗教权威和国王权威。在哈里发、马基塔、奥古斯特做教皇时，这表现得尤为明显。然而，"在大部分时空，祭司与国王之间的区别是明显且确定的"。Bertrand Russell, *Power: A New Social Analysis*, New York: W.W. Norton, 1938, pp. 50-51.

② "缺少封建贵族，国王便难以统治，其中的原因在于国家的财富与能源都是这些贵族的私有财产。" Bertrand de Jouvenel, *On Power: Its Nature and the History of Its Growth*, New York: Viking Press, 1949, p. 181, speaking of medieval France.

对不重要的来源。组织仅是为了军事目的而临时建立的，而持久的行政组织很少或者基本没有。在封建制度延续到近代的印度，这种组织同样存在，只不过它经常被划归为世袭的政府高级官员的委托责任。这种制度中固有的软弱、无能以及剥削让英国政府有了可乘之机。

封建权力的行使手段包括已经提到的补偿权力，毫无疑问，也包括显性或隐性的定调权力。人们必须接受封建领主的意见。由于这样的服从总是存在，所以责任便日渐得到公开的强调。定调权力同样能从教会那里获得，因此，国王的神圣权力向服从或反对其权力的人扩展。但可以认为，封建社会最重要的行使手段是惩戒权力。领主拥有众多惩罚手段来应对那些居住在其领地里的人。对称而言，这种惩戒手段同样是发挥对外力量的手段。封建领主要将自己的意志强加给那些不在其领地上的人，不是通过说服、收买或联姻，而是通过带有惩戒性的武装行动。

5

贵族的对外权力很大程度上取决于封建领主内部下属的数量，而内部下属的数量与其土地财产的数量和质量成正比。出于这一原因，所有的封建冲突，除了出于宗教命令之外，都是围绕着土地发生的。[①] 要争取更多的臣属，直接且明显的方式就是获得更多的土地，而更多的臣属则意味着拥有更多的士兵以及更强大的对内和对外权力。结果，在欧洲便几乎持续不断地上演着封建权力争斗，和平却是一种不稳定的平衡。那些在领土斗争中最为成功的领主逐渐建立起更为庞大的宗主权，而这又演化为民族国家。贵族间的领土斗争随之转化为国家间的斗争。争夺领土的团体间的斗争演变为国际斗争。

土地财产、人民以及权力之间的结合对延续至今的政治思想产生了重要的影响，尽管这种结合在很久以前就开始解体了。工业财产取代农业财产成为支撑对内权力的收入来源，原始的人工劳作已经难以充当对外权力的重要手段。土地被占领后经济生活仍能继续下去，而现代工业经济却不能被破坏而必须处于持续的运作之中。尽管如此，认为国家权力能通过占有领土而增强的观念仍对战略和军事思想有着重要的影响。现代军事战略家在看地图时便假设任何领土都很容易受到邻国野心勃勃的侵略者的侵犯，因此本国必须保有军事防御能力。在遥远的过去，权力与土地以及居住人口紧密关联，土地会引发人们争

---

① 宗教目的和源自土地和臣属的权力追求自古以来就相互交织。

夺权力。对那些用看似直接且简单的方式看待问题的人而言，现在仍是这样。

在封建时代，人格和土地财产是主要的权力来源，而惩戒则是主要的行使手段，封建权力来源以及行使手段并没有被遗忘，直到今天，其还在中美洲和南美洲存在。在中美洲和南美洲，由支持派和反对派所使用的惩戒手段是这里的政治动荡的根本原因。

但在现代工业社会，封建权力的来源以及行使手段早已让位于一种新的结合方式，即商人与工业资本主义的结合。并非老的悉数消失，只不过新的来得太多。

第 11 章

资本主义崛起

1

从 16 世纪初到 18 世纪下半叶工业革命开始的这 250 年间，西欧，尤其是英国和法国，民族国家得到了逐步加强。民族国家与传统封建权力行使之间有着密切的联系，这表现在两者都以土地财产和人格为权力来源，以及依赖惩戒权力、源自财产的补偿性资源和对君主频繁要求神权的有条件回应。然而，这些年来出现了一个重要的商人阶层。可以看到，这种兴起源自早期的商业资本主义。[①]

可以将这种发展视为权力来源和行使手段上的演变，而且

① 这种发展无论在商人的类型上，还是在所发生的国家和城市上，都极为多样化。对此，我会推荐阅读法国历史学家费尔南·布罗代尔所进行的惊人研究，尤其是《商业机能》（ *The Wheels of Commerce*, New York: Harper and Row, 1983 ）。

这么认为也是有好处的。商业资本主义以财产为主要的权力来源，而这种财产不再是土地，而是资本，尤其是供出售的货物和用以购买货物的白银和黄金。与此同时，人格的影响衰退，而组织的影响则变得更为明显。补偿权力的影响大增，而惩戒权力的使用逐渐减少，尽管它仍然可用，此外，对带有预示未来色彩的定调权力的运用虽受到限制，却很有吸引力。资本主义完全有理由主张，它用更为文明的奖励取代了惩罚。至少在与封建权力行使相比时，商业资本主义的这一主张的确没错。

2

封建领主、君主以及国王在当时受到了歌颂，而且有些还保留至今。法国和英国的历史记录了他们的人格特征、怪癖和过度行为，同时也记录了他们为扩大或守卫作为权力主要来源的土地财产而发动的战争。相反，商人大多是默默无闻的，他们并非一个个的个体，而是一个阶级。当一个商人变得知名时，便可称他为商业王子。[①] 他此时已经具有了某种封建社会所强

---

① 像雅各布·富格尔之类的银行家就获得了类似的封建荣誉。

调的人格。这些确定的人格特征对成功而言是十分重要的，比如处理金融和贸易问题时的精明、敢于冒险，有丰富的地理和海洋知识等。但这些人格特征绝非偶然和特有的，而是可以获取的。而且，拥有这些人格特征并不意味着具有领导和指挥能力。

商人的主要权力来源是财产，包括用于工作的资本，如囤积或转运而来的用于出售的货物，也包括运输货物的船只以及商品出售地。[①]

商人的资本还包括货币和后来的银行存款，而这些最为重要。这些是商人在贸易中收购货物的资本。商人阶层的总体财富构成其补偿权力的来源。通过补偿权力，商人能赢得供应商和雇员的服从，有时也能赢得那些对现金有着贪得无厌的追求的封建领主的服从。[②]财产赋予了商人在社会上的威望，而威望反过来又为商人赢得能带来财富的有条件的服从。

---

① 在威尼斯、巴黎和其他城市，商人还拥有大量的不动产。可以相当肯定地说，这些不动产是商人的主要商业财富的一部分。

② 发现美洲大陆以及随之而来的大量贵金属（主要是白银，而黄金则不是很普遍）流入欧洲通常被视为一种决定性的新资本来源以及商业资本主义崛起的诱因。这绝非微不足道，它反映了一种对资本本质的普遍误解。金属的流入为交换提供了充足的手段。它引发了持久的通货膨胀，从而起到鼓励交易的作用。对于个体商人而言，金属流入便是从他人那里获取资本。然而，这并不能直接增加正在生产的或囤积的货物总量，也不能增加用于生产的工具和设备，或用于运输或销售的设施。无论过去还是现在，这些都是真正的资本。

商业资本家行使权力的主要对象不仅包括生产货物的工人、手艺人和工匠，还包括用于出售的商品的品质和价格（商品中最为重要的便是衣服①），从而影响到需要购买这些商品的顾客。这乍一看是一种相对温和的权力行使方式，因为它留给了供应商不生产或向其他人出售商品的机会，也留给了顾客不购买或从其他人那里购买商品的机会。然而，对市场和生计的需求以及对产品的需求可能是非常迫切的，而商业资本主义的一个主要特征就是它采取谨慎的防御手段来防止顾客和供货商选择他人。任何商人都会因另一个商人能提供品质更好或价格更低的商品而被削弱权力。竞争对商人取得成功而言是十分不利的。为了确保能压制竞争，组织成为重要的权力来源。

大商人生活在相对紧密的城市协会中。无论进货还是销售，要增强补偿权力，简单且直接的方式便是对品质与价格的严格监管。在早期，这属于商业协会所提供的服务范畴，但最近的西欧，商业协会开始衰落。手工业协会负责为销售商控制货物的价格和品质，却侵犯和挑战了销售商的权力。对称性在这里再一次出现。然而，商人还有另一种主要的支持来

---

① 与食物和住房一样，衣服是那个时代的三大必需品之一。

源和对抗竞争的防御手段，这便是新兴国家。它保护商人免受竞争之苦，尤其是与外国的竞争，而且对一般贸易进行监管。国家组织因此成为与财产并立的权力来源，而且它为商业资本主义提供的服务被视为一种公德的体现。这种社会调控是由重商主义哲学家提供的。在这一点上，我将略言几句。在工业革命所带来的不同的生产环境让制造商摆脱手工业协会和政府的限制之前，不受限制的竞争并未被视为一种重要的公共利益而受到关注。之后，和以往一样，社会调控也就应运而生。

3

在大型的商业城市，比如威尼斯、布鲁日、阿姆斯特丹等，商人的利益与市政府的利益是相互关联的。在商人与国家之间可能并不存在激烈的矛盾，因为在本质上二者的利益是相通的。而商人与封建统治阶级的关系就令人担忧了，也就是说，来自商业财产的权力与主要来自土地财产的权力会发生竞争。商人的补偿权力与封建统治阶级的定调权力之间存在持续的竞争，而后者又理所当然地将政府与土地财产结合在一起。封建统治阶级的定调权力异常持久。在英国，直到相对较近的时期，土地贵族都被自动地视为统治阶级，他们有权使用定调权力。相反，商人却因自己所从事的"贸易"而遭到贬损并时常被嘲笑。商人与教会之间同样存在不协调的关系。即使在基督教城市，商人有时也对教会爱答不理，并在收取利息等问题上采取与教会相反的立场。一些商业城市以及有大块商业飞地的城市，如伦敦和阿姆斯特丹等，由于宽容地看待宗教定调，所以简直成为犹太教徒、胡格诺派教徒以及各种异教徒的天堂。①

尽管如此，在 16 世纪后期、17 世纪以及 18 世纪早期，相比于与他们竞争的宗教继承者，商人的权力获得了稳步的增强。虽然资本在作为一种财产形式时相对隐秘，但在作为权力来源上，它比土地具有更高的流动性和适应性。而且，通过财产以及相关的组织，一种新型且高效的定调权力得以产生。

这一点应该感谢之前提到的重商主义哲学家们。托马斯·芒是一个伦敦商人。在他去世后才得以出版的《论英国得自对外贸易的财富》(*Discourse on England's Treasure by Forraign Trade*)（1664）一书中，他认为，伦敦最后一位重商

---

① 宗教活动的范围也逐渐缩小。关于这一点，R.H. 托尼有着重要的论述："伴随着贸易的扩张以及新阶层攀上政治权力的高峰……宗教训令畅行无阻的领土开始遭到压缩。" *Religion and the Rise of Capitalism*, Harmondsworth, Eng.: Penguin Books, 1972, p. 272.

主义者詹姆斯·斯图尔特、法国重商主义实践家让·巴普蒂斯特·科尔伯特（1619—1683），以及其他重商主义者都将商人增加稀有金属储备的利益与民族国家利益联系在一起。没有什么比这更重要了。反过来，这一信念催生了这样一个政策，它鼓励出口，收进口税，或以其他方式限制进口及与外国的竞争，①特别是科尔伯特提出了关于贸易的其他方面的详细规制。在这样的方式下，商人的需求反映在国家批准的政策中的社会定调上。但这并不意味着当时有很多人读过或了解重商主义。与之后几年才出现的支持工业资本主义的社会定调相比，重商主义的影响微不足道。然而，对那些采取行动来强化商人权力和增加其利益的人来说，重商主义具有极大的影响力。这些人实行对外贸易和进口管制、划定专属贸易区、维持口岸与港口运行。

4

具有或高或低组织化程度的商业公司足以为一个城市或一个规模有限的贸易区提供商业产品。而海外运作，即在遥远

---

① 其他重商主义者，尤其是威廉·佩蒂（1623—1687）、达德利·诺斯（1641—1691），在贸易保护问题上采取宽松的立场，并为自由贸易所具有的可能性和优势做辩护。

的原始大陆或文化悬殊的大陆进行货物的买卖，则需要一些更具威力的东西。因此，商业资本主义在 17 世纪早期逐渐获得极大的组织上的成就，即发展出特许公司。当时的商人团体一开始是为了一次特定的航行或远征而结成的，随后便发展成一个稳定且复杂的结构。根据重商主义原则，他们在所到之处都设立贸易垄断，并为求成功而不择手段。东印度公司是伦敦商人所建立的公司，它充当殖民地的统治者，负责在东印度进行贸易。东印度公司在 1600 年最后一天获得了伊丽莎白一世所颁发的特许状。哈德孙湾公司更具想象力地被称为英国总督和冒险者公司，它在 1670 年从查理二世那里获得特许状，并理所当然地存活至今。作为一种权力来源，人格的不足之处在于它受限于人的寿命长短，而教会则通过组织来克服这一不足。特许公司以及之后的法人公司也通过同样的方式来克服这个巨大的缺陷。尽管在大型特许公司的历史上会出现一些人的名字，比如管理伦敦公司和弗吉尼亚移民的约翰·史密斯、东印度公司的罗伯特·克莱夫和沃伦·黑斯廷斯，但这仅是开始，在资本主义统治下，公司持续不断地寻求着脱离人格这一权力来源，最后体现为由特许公司衍生出的现代法人公司。

特许公司之所以出现，是因为更强大的组织是持续的权力来源所必需的。商人同样需要借助惩戒手段来保护航运、平定贸易纷争和占领他们将进驻的贸易区域（以及理所当然地阻止具有竞争力的外国公司的入侵）。因此，特许公司具备了惩戒权力，包括雇用雇员、部署和动用军队等权力，因此具有了民族国家的主要特征，在印度、荷兰东印度群岛，以及北美洲北部的特许公司就是这样。

它们所具有的独特优势在于能渗透到任何可以被称为权力真空的地方。这一术语虽然有，但极少在现代用语中得到界定，而它恰当地描述了所有的权力来源（有效的人格、财产和组织）和权力行使手段都微乎其微甚至不存在的社会或地区。权力真空很好地描述了遭到贸易公司入侵的东印度和北美洲的亚北极地带。北美洲几乎不具有这些权力来源，而东印度只有偶尔存在的人格、少量的财产以及一些松散的组织，这些权力来源，尤其是组织，与欧洲国家所具有的权力来源相比十分脆弱，权力行使手段同样如此。

在当时，更准确地说是 19 世纪，贸易公司的海外业务让位于初步形成的国家的正式扩张。海外公司转化为国家的殖民地。当时，权力源于殖民地政府、殖民地税收，以及偶尔出现的特别富有表现力的人格，比如之后出现的非洲的塞西尔·罗兹。伴随着这些变化，商人权力同样被削弱了。帝国在追求权力时，部分是为了它自己。帝国扩张领土（尤其在美洲大陆），并因此得到收入和补偿权力，同时也拯救灵魂并让其归顺于所谓的有组织的宗教。在诸多殖民地，特别是在拉丁美洲，从土地财产，包括天主教会所拥有的土地财产，获得的权力远大于商人所获得的权力。墨西哥所发生的暴乱不是针对商人，而是针对包括教会在内的大地主。

5

在 18 世纪的欧洲，商业资本主义似乎达到了顶峰。在 18 世纪和 19 世纪之交，商业资本主义的威望以及影响已经十分强大，它表现在拿破仑颁发的柏林敕令、米兰敕令、英国对枢密令的回应以及随后的限制贸易政策上。这一政策被视为拿破仑战争中重要的战略部署，从那时起就享有了不应有的声誉。①然而，一场大变革已经在进行中，涉及商人权力的大规模入侵。这便是工业革命和工业资本主义的发展。

历史学家们对工业革命的本质和根源讨论得最多。在 18

---

① 这些政策是强加制裁的先例。在官方看来，制裁仍是十分有效的手段。受制裁对象只有遭此一劫，才能懂得自己在制裁面前是多么脆弱且无路可逃。替代品和替代性供应源十分充足，以至这种教训不久便会被忘记。

世纪下半叶工业革命在一定程度上是否由一个富有想象力和创新性的企业家团体的出现引发的呢？这个企业家团体包括亚伯拉罕·达比斯、约翰·凯、詹姆斯·哈格里夫斯、理查德·阿克赖特以及詹姆斯·沃特。还是说，工业革命是大体上独立的工业技术进步的产物呢？这次工业技术进步带来了以煤为燃料冶炼生铁和利用蒸汽动力，最重要的是用蒸汽动力来进行机械纺织。要是阿克赖特、哈格里夫斯等人没出现，不会有其他人出现吗？这难道不是科技和资本主义的整个历史进程中的一坏吗？

　　毫无疑问的是，工业革命包含了权力来源和权力行使手段的巨大的，甚至是令人惊叹的转变。财产仍是主要的权力来源，但在性质上发生了剧变。它不再表现为存货或商人的其他运营资本，而表现为工业资本家的固定财产，如磨坊、工厂和机器。随着财产性质的变化，同样发生变化的还有组织。商人需要与独立的或自由职业的手艺人、工匠以及其他工人签订相对宽松的补偿性合同来从他们那里获得产品。而现在，工人们直接到工厂上班，这就使得对这些生产产品的工人进行更为强力的补偿成为可能。

　　传统历史研究也赋予了人格相对重要的角色。企业家在工业革命中是关键的角色，他们独立、创新、富有想象力、足智多谋，虽然有时无情，但总是聪慧灵巧。可能真是如此，但在这一点上必须总带点警惕。作为权力来源的人格十分具有吸引力，它很容易让历史学家以及现代新闻记者为其所吸引。而事实上，工业资本主义的强大正在于其能运用所有三种权力来源，即体现为磨坊、工厂和机器的财产，将工人束缚在工业企业的极其发达的组织，当然还有资本家的人格。

至于权力行使手段，惩戒权力持续弱化。要使用惩戒权力，只能通过国家，并且只能在对付麻烦制造者上使用。这些麻烦制造者或试图组织工人联盟或工会，或通过不正当的方式来发泄不满。然而，获取服从，最主要还是通过补偿权力。工人们从乡村进入城镇，从自身和祖辈维持生计所依赖的家庭作坊进入工厂，在这里他们因新兴工业资本家的残酷压迫而选择服从，这便是长期以来存在的奇事。工业资本家的权力及其所要求的服从程度是毋庸置疑的。但必须重申一点，要么选择接受最低水平的补偿，要么选择挨饿，如此，补偿权力与惩戒权力的差异并不大。家庭手工业者起早贪黑地纺织，但仍经常处于令人不安的贫困威胁之下，而且他们的纪律也是很严苛的。雇主可以剥削工人，但身无长物又被生计所迫的工人只能剥削自己。① 男女都要从封建庄园来到工厂。在这里，劳动者的生存空间也不大。在面对微薄的补偿性奖励、传统的领主的定调权力，以及至少在记忆中存在的被强加的惩戒时，他们只能选择服从。早期工业资本主义主要使用的补偿权力对服从者而言并不是什么好事，但与他们之前的遭遇相比是否更为严厉和苛刻则不得而知。

---

① "这种剥削在所谓的家庭劳动中，又比在工场手工业中更加无耻，这是因为：工人的反抗力由于分散而减弱，在真正的雇主和工人之间挤进了一大批贪婪的寄生虫。" Karl Max, *Capital*, New York: International Publishers, 1967, p. 462.

第12章

发达资本主义社会中的权力

1

伴随着工业革命的发展以及权力来源从商人的运营资本向工厂主的固定工业资本的过渡，组织获得了显著的进步。由工资结合在一起的组织更加严密的劳工力量取代了原来那些关系或远或近的供货商，而后者只能通过购买行为联系在一起。也存在从（似乎）默默无闻的商人到具有鲜明人格的工业企业家这么一种转向。对于商人而言，补偿权力是获取服从的主要手段，但现在定调权力的使用有了新发展且十分重要。这种定调权力撼动了支配国家经济活动的信念。国家为了表达这种信念而大力认同工业家的需求和愿望，并在实际层面向工业家提供有力支撑。这种定调权力也很快改变了人们的生活方式和追求幸福的方式。公认的生活方式从属于工业目的，并为工业权力服务。工业资本主义的定调权力不断发展并在 19 世纪越发有效，进而成为世代有效的权力手段。而它所引起的巨大的抗衡力量同样如此。

关于这种社会定调，最重要的人物是亚当·斯密。历史上很少有人像他那样因个人的智慧贡献而受到完全的认同。尽管其他人也做出了许多贡献，但斯密的名字总是位列前头的。另一个这样的人物便是，3/4 个世纪之后出现的同样具有令人信服力量的大师——卡尔·马克思，他以相反信念的设计者身份领导着反对力量。

2

亚当·斯密在工业资本主义的社会定调方面的贡献源自《国富论》(*The Wealth of Nations*)。① 这本书于 1776 年出版，同年美国发布了《独立宣言》。这两件事同时发生并不完全是巧合，这本书与美国革命都试图打破商业资本主义的限制。②

---

① 这本书的全名是《国民财富的性质和原因的研究》(*An Inquiry into the Nature and Causes of the Wealth of Nations*)。

② 有些美国商人的贸易利益与英国的规制和贸易保护政策发生冲突，因此认为"当他们的利益受到损害时，积极参与政治活动，便可能带来他们所希望的结果"。尽管如此，他们在反抗英国的统治时也并非毫不含糊。见：Arthur Meier Schlesinger (Sr.), *The Colonial Merchants and the American Revolution, 1763-1776*, New York: Frederick Ungar, 1966, P29.

斯密抨击了商人权力的思想来源，而对新兴工业家持肯定态度。在斯密写作该书时，工业家尽管尚处在初级发展阶段，但与家庭手工业者相比已经有了巨大的成本优势。这一点被斯密发现，尽管他很少将其归因于新机器的使用，而更多地认为是工厂的工业生产任务的分解和各部分之间的专业化与分工的贡献。劳动分工所产生的收益带来了各地区和各国在生产上的专业化，并推动国内和国际贸易的自由化。而这一发展方向以及去管制的需求却面临商业资本主义的保护主义政策和管制手段的阻碍。解除管制和贸易限制便成为工业家的利益所在，因为一旦成功，他们便能以更低的成本，通过向当地商人自由地低价销售来获得所需的一切。无论英国还是苏格兰的生产商，都能在工业发展中遥遥领先，因此他们几乎不用担心其他国家同类生产商的竞争，还从保护其进入他国市场的规则中获得一切。①

在更广的层面上，亚当·斯密将所有对私人经济利益的追求与公共利益等同起来。"商人仅想要自己的收益，而在这件事和其他事上，他受到一只看不见的手的引导，从而推动了一

---

① 斯密进而提出了严格限制国家其他活动的规定，特别是那些给工业家带来税收成本的活动。

个本不属于其意图的目的的实现。"① 很难想象有哪种观念比这种观念更有利于工业家，而且事实上，也没有哪种观念的影响如此长久。工业家没必要将自己扮演成公益分子，而且在任何情况下，这都难以让人信服。② 然而，金规铁律却让工业家行动具有道德性。无论他是多么自私，或他的意图或动机是多么卑劣，他都服从于这一金规铁律。

亚当·斯密并非完全地，当然也不是自始至终地支持工业资本主义。从反重商主义立场出发，他对大型的特许公司提出诸多质疑，并间接地质疑由其衍生出的法人公司。现代公司管理层对斯密毕恭毕敬，但他却毫不领情。他对垄断的反对同样为公司带来麻烦，这里的垄断包括单个公司的垄断和公司间合谋所产生的垄断。竞争是工业权力的必要约束，但在斯密看来，竞争总处于不稳定的平衡之中。如果可以限制或回避，那么谁也不会接受竞争。③ 一旦竞争消失，看不见的手也会缩回去。

---

① Adam Smith, *The Wealth of Nations*, Chicago: University of Chicago Press, 1976, Book I, p. 477. 看不见的手是一个隐喻。作为启蒙运动的一员，斯密并没有脱离实际地论证对商业收入的追求，而他的追随者们却不都是如此克制。

② 斯密本人曾指出："那些口上说为公共利益而进行贸易的人，据我所知，并没有做过什么好事。"Smith, *The Wealth of Nations*, Book I, p. 478.

③ 他最常被引用的一句话，大意便是如此："同行业的人即使为了娱乐或消遣也很少聚集在一起，但他们一旦聚起来，谈话的结果不是密谋反对公众，就是密谋抬高价格。"Smith, *The Wealth of Nations*, Book I, p. 144.

这在随后的 200 年间成为诸多麻烦的根源，尤其在美国。大公司在看不见的手的庇护之下，哪怕面对极其不利的指证，也会主张必要的竞争仍然占支配地位。

斯密的社会定调的强大很大程度上是因为他那不妥协的坚定意志，他坚决不会向那些他支持并为其扩大权力的人屈服。他显然是独立的，而且任何人都不会说他会成为他服务并向其提供定调权力的人的傀儡。[①] 服务于工业权力的定调既不是有意为之，也不是阿谀奉承。然而，它对经济利益所起到的作用反映了它的可接受程度。

3

在《国富论》出版后的 100 多年间，资本主义权力的来源和手段都得到了很大程度的加强。在美国，那些引人注目且富有感染力的人物初露锋芒，比如范德比尔特、古尔德、洛克菲勒、哈里曼、卡耐基、弗里克、摩根等人。在英国、法国和德

---

① 斯密的思想很快引起了反响。斯密于 1790 年逝世，在一年半后，小威廉·皮特在解释其计划时，说到了斯密，认为他"在哲学研究的细节和深度上知识渊博，所以他能在任何与贸易历史和政治经济体系相关的问题上提供最好的解决方案"。这出自皮特 1792 年 2 月 17 日在众议院的演讲，见：John Rae, *Life of Adam Smith*, New York: Augusts M. Kelly, 1965, pp. 290-91. 这正是定调权力的典型体现。

国，那些稍逊于他们的人也崭露头角。下面两种人之间的关系越来越密切：一种是出资建立并运行大型工业公司（现在包括铁路）的人，另一种是像摩根那样为前者提供创建所需的资金，或（更经常的是）提供收购或兼并所需的资金的人。

支撑大企业家人格的是他们积累的大量财产。这也是十分重要且明晰可见的权力来源。在 19 世纪即将结束时，工业组织变得越发重要。正如小艾尔弗雷德·钱德勒所指出的，[①]在 19世纪后半叶，公司不再跟着高层领导的指挥棒转，而是为包括各种最终被称为经理的专业人士和技术专家的行政管理结构所治理。组织是工业资本主义阶段崛起的权力来源，并最终取代了财产成为工业资本主义的主要权力来源。

权力行使手段伴随着权力来源的演变而发生变化。惩戒权力并未消失，仍能为国家或企业政策所使用。但与广泛使用的补偿权力相比，惩戒权力的重要性便微不足道了。这一点几乎在所有工业国家中都表现得十分明显。在这些工业国家中，数百万的工人委身到工业体系中提供服务。此外，这一点还清楚地体现在生产者对消费者所具有的相对收敛的权力上。在早些时候，消费者对生产者是俯首帖耳的，比如煤油使用者对洛克

---

① *The Visible Hand: The Managerial Revolution in American Business*, Cambridge: Harvard University Press, 1977, p. 81-121.

菲勒，又比如产品运输者对范德比尔特和铁路公司。补偿权力扩展到用于收买立法者和其他公务人员，并以此来赢得国家权力行使手段上的支持。在19世纪后半叶，美国参议院一般被认为是富人俱乐部，这是对资本主义时代高薪豢养走狗的另一种说法。

然而，发达资本主义那最有趣而且可能是最重要的成就是不断使用定调权力，即不断地让经济思想适应当时的需求和现实。这些定调大多还是源自英国。直至近代，英国都在定调方面处于领先地位。这种定调吸引了不少学者，他们努力修正和扩展早期斯密定理，并取得了卓越的成就。通过这种或那种方式，这些学者都推演出不少思想，这些思想都为那些服务于工业家权力的服从行为提供支持。

因此，在早期工业产业中，工人的工资与雇主得到的回报相比，简直是九牛一毛。没有人会质疑这个体系中不同的人被对待的方式截然不同。而且这种反差因工业资本家（而不是其商人前辈）与工人在生活上联系紧密而加剧。生活标准上的差异现在可以称为不平等，而这种不平等又是一目了然的。生于同一时代且互为好友的大卫·李嘉图（1772—1823）和托马斯·罗伯特·马尔萨斯（1766—1834），这两位影响深远的人物的作品，以一种独特的讲述方式，通过必要的社会定调让这种不平等变得可以接受。他们都认为工资低与随之而来的不平等都源于工人阶级那惊人且富有毁灭性的生育能力，正是工人们的肆意生育酿成了自身的贫困。因此，工人们仅能维持温饱，是他们因人数众多而趋向的一种平衡状态。李嘉图称之为工资铁律。不是工业资本主义的不公平，也不是这个体系，而是工人自己，造成了其未来的悲剧人生。①功利主义者的观点融入了李嘉图和马尔萨斯的定调。功利主义者中，最善于表达且字字珠玑的要数杰里米·边沁（1748—1832）。边沁和他的追随者们力促以"最多数人的最大幸福"原则来检验所有涉及公共事务的行动。能够最好地实现这种目的的政策便是自由放任政策。虽然结果不一定完美，但自由放任政策确实最有可能实现这一目的。不是每个人都能富起来，为了最多数人的利益，某些人注定要成为牺牲品。这一观点表述得有些隐晦，有时却能清楚看到。煎熬与贫困是不可避免的，哪怕在最美好的世界中也是这样。

围绕着定调的展开，后来有了更多的新学说，其中一个就是 19 世纪下半叶英国学者赫伯特·斯宾塞（1820—1903）所

---

① 在李嘉图看来，工人也受仍存在的土地权益之苦。"地主的利益总是与消费者和制造者的利益相悖。"见：*Principles of Political Economy and Taxation*, London: Everyman Edition 1926, p. 225. 转载自：Eric Roll, *A History of Economic Thought*, rev. ed., New York: Prentice-Hall, 1942, p. 198.

提出的。斯宾塞的理论引起了大西洋彼岸的强烈反响。斯宾塞有诸多耐人寻味的著作，在这里面就对工业资本主义做出了详尽论述：工业资本主义是达尔文主义在社会秩序上的体现，其支配原则是适者生存。伟大的工业资本家（与现在一样）之所以伟大是因为他们是生物学上的强者；而贫困的人注定贫困，因为他们是弱者。财富是那些天资不凡的人得到的奖励，而努力获得财富不仅显示了他们的优越性，更能提升他们的优越性。因此，贫苦大众所遭受的贫困被视为对社会有益，因为它将社会中最为弱小的部分引向消亡。耶鲁大学的威廉·格雷厄姆·萨姆纳（1840—1910）是当时美国经济学界引起共鸣最多的经济学者。他扩大了斯宾塞在美国的影响力。在某种程度上说，亨利·沃德·比彻（1813—1887）也做了这件事。他写道："上帝让强者为强，弱者为弱。"

经济享乐主义者以及相关的边际主义者在这方面也做出了重要贡献。威廉姆·斯坦利·杰文斯（1835—1882）在其著作中对享乐主义者做了入木三分的描述。享乐主义者认为，人类永恒的总目标是最大化快乐和最小化痛苦。为了实现这一目标，他们关注的核心是商品的服务和效用。因此，提供商品的工业家也如此认为。杰文斯还为与人类福利相关的主要计算方法提供逻辑依据，他认为，每次购买行为都能获得某种程度的快乐或满足，这种程度便是边际所在，因此，购买行为要依此进行调整。他说，人类幸福的关键是这种调整的准确性，而不是价格或工业家的行为。

更为深入且持久的定调来自伟大的意大利社会学家和经济学家维尔弗雷多·帕累托（1848—1923）。他清晰地论述了发达资本主义下的收入分配不平等问题。他认为，这种不平等的分配是不同国家在不同时期所共有的必然现象。他接着总结道："收入分配上的不平等的永恒性反映了人类能力的不平等，这是一个自然的、普遍存在的规律。"[1]

鉴于发达资本主义显而易见的不平等，这一结论明显是适用的。在经济学中对帕累托定律的探索已经持续了数十年。[2]

4

与上述思想同时存在的还有对市场的持续歌颂。市场不仅通过自由运转为多数人提供最大幸福，同时还是工业资本主义

---

[1] 引自：Roll, *History of Economic Thought*, p. 453.

[2] 并非所有为发达资本主义提供理论支持的定调都能发挥作用。回归资本，进而回归资本家，是对节制消费的回报。资本节约理论在 19 世纪和 20 世纪早期的经济思想中有着不可忽视的地位。这与大资本家的生活方式有着明显的不一致，大资本家的生活方式让人难以想象他们的自我克制如此痛苦以至于需要奖励。

权力的有效的融合剂与安居所。价格由市场决定，工资也是如此，其他生产必需品的价格亦是如此。生产决策需要适应市场。工业家对上述问题无可奈何。因此，市场的运作与法律无关。只有那些对市场性质了解不深的人才会相信自己的权力还存在。关于这一点的定调获得空前的成功，而这正是古典经济学的最高成就。它一方面引导工业家违心地用其权力实现美好的社会目的，一方面又否定这种权力的存在，此外，它还向所有想要了解体系工作原理的人教授这一点。[1] 毋庸赘述，这种教导仍然存在。在为现代公司进行辩护上，没有什么比它没有权力这一论断更重要的了，即所有的权力都必须服从于无人为因素的市场运作，所有的决策都是市场支配的反应。而且，没有什么比年轻人相信这种定调更有用的了。

---

[1]　需要指出的是，发达资本主义的社会定调通过调整适应了国家需求。英国，包括苏格兰南部，在工业发展方面一马当先。因此，它们希望能够让自己的生产者自由地进入其他市场，为了证明自身的正当性，它们指出，保护主义政策，尤其是对食物进行贸易保护，将会提高生活成本以及家庭劳动成本。美国、德国和法国的工业家登上舞台的时间要晚些，所以需要通过保护主义政策来应对从英国进口的商品。因此，在美国、德国和法国，关于贸易的典型观点通过修正后，认为关税保护是必须的。亨利·查尔斯·凯里（1793—1879）是 19 世纪美国最有影响力的经济学家，而弗里德里希·李斯特（1789—1846）是德国的经济学家，他们通过传神且深邃的方式论证保护性关税的必要性，相反，自由贸易是一种不切实际且具有危害性的政策。在美国和德国，凯里和李斯特的观点获得了高度认同。

第 13 章

反 应

1

我们可以看到，一般而言，任何权力的行使都会产生相似的和对立的实践。发达资本主义同样如此。其所引起的反应在19世纪中期开始出现，而在更早时期存在着雏形。这种反应的焦点并非消费者对工业资本主义产品相对温和的服从（尽管能从铁路使用者、石油买家和其他一些人中听到一些），而是对工人更严苛的服从要求。其来源是人格和组织。人格方面，主要是卡尔·马克思，他得到终生挚友弗里德里希·恩格斯的支持、鼓舞和资助。组织方面就要数1864年的国际工人协会，它通常又被称为第一国际，是之后出现的诸多小集团的鼻祖。

马克思主义者革命的手段并不是持续且明显地强调惩戒权力，当然，惩戒权力在最终推翻资本主义方面是必要的。此外，它也没有立即涉及补偿权力，其补偿权力表现为革命胜利之后的美好时光。马克思主义手段中最为强大的便是定调权力，相比之下，其他两种手段几乎可有可无。马克思及其追随者都为此倾其一生。马克思的著作，《资本论》《共产党宣言》以及诸多小册子，都被其追随者奉为经典，如同宗教中《圣经》和《古兰经》所具有的地位。马克思的追随者们从这些著作和马克思在会议、学习小组以及工会会堂中做出的成千上万的演讲中寻求指导。作为权力的行使手段，它在很多方面可与教会相媲美。马克思在抨击财产作为权力来源时表明了社会定调何以成为一种行使权力的手段。[①]

2

马克思对定调权力的使用，与作为工业资本主义定调权力来源的古典经济学家，以及马克思特意指出的将资本主义目的进行整合的金融结构，具有对称性。马克思接受了斯密和李嘉图早前提出的基本信条，即商品的价值与其所包含的劳动成正比，也就是劳动价值论。但马克思认为，这种价值只有一部分

---

① 马克思本人对此深信不疑。"任何一个时代的统治思想始终都不过是统治阶级的思想。" Karl Marx and Friedrich Engels, The Communist Manifesto.

通过工资的方式返还给工人，而以利息、利润和租金形式出现的剩余价值则进了资本家腰包。工资因失业的压力而维持在低水平，而这种失业压力来自那些渴望工作且随处可见的工业后备军。因非自然的工人供不应求而提高工资会引发危机，用现代语言说就是大萧条。这种危机会不断恶化，并最终为资本主义权力画上句号。资本主义集中化的巨大进程也会导致其消亡，在这一进程中，大资本家或吞并小商人，或迫使他们成为无产者。推动未来的浪潮前行的，不是古典经济学家所提倡的竞争，而是他们所谴责的垄断。在危机中，集中化所带来的弱化和衰退将会引起资本主义权力最后的崩溃。尽管这一体系很大程度上会因无法承担自身的压力而坍塌，但马克思并没有排除在这一天来临时运用惩戒权力，即革命行动。

马克思将现代国家视为资本主义权力的工具，即"一个执行委员会在整体上管理着统治阶级的所有事务"，因此，他也将革命胜利后的政府视为现在取得胜利的工人的工具，即工人的国家。毋庸多言，在工人国家里，工人会享受所有劳动成果。目前仍没有明确的组织能实现这一点。其所需要的官僚体系需要付出一些代价才能获得认可。①

———————

① 约瑟夫·熊彼特在这一点上先知先觉。"在现代社会条件下，我很难想象出一个社会主义组织能够不采取庞大且无所不包的官僚机构。" *Capitalism, Socialism, and Democracy, 2nd*, ed., New York: Harper and Brothers, 1947, p. 206.

3

上述观点，当然还有更多的观点，都出自马克思之笔，并且成为维持其权力定调的信念。这曾是并仍是一项非凡的成就。在问世 100 多年后，马克思的作品仍能俘获读者的心，并获得亿万人的追随。当然，那些不认同或害怕它的人会想方设法地质疑其有效性，由马克思和其追随者所进行的社会定调，即马克思主义宣传也成为"罪恶滔天"的代名词。在学院或大学里教授马克思主义以及在图书馆里收藏马克思主义著作都会被视为其权力的运作而受到深切关注。那些支持其思想的人会被隔绝于社会边缘，并难以受到信赖去承担公共或私人责任。正如马克思正确地感受到他所挑战的定调权力的威力，那些抵制他的人同样能感受到他所具有的威力。

4

马克思主义的权力是巨大的，它所引起的恐惧也是巨大的，因此，在工业资本主义权力正常运转的工业国家里，马克思主义权力四处碰壁。工业资本主义权力以财产和组织相结合为来源，并熟练且有力地使用补偿权力和定调权力。马克思主义在俄国和中国取得了成功。① 在这里，马克思主义的成功还得益于战争或内乱所引起的前工业国家的崩溃。马克思主义组织和社会定调借机填补了权力真空，这就得益于在权力真空的情况下，人格、财产和组织都消散而难以成为权力之源，而且权力行使所采取的惩戒、补偿和定调手段都变得不再有用或大体如此。

在西欧或日本，马克思主义没有取得实际上的成功，但仍在那里产生了深刻且持久的社会定调。在英国，马克思并不如此具有影响力，当然，这里也有不那么顽强的议会社会主义在争取反资本主义者的支持。在美国，马克思主义在工人中有着影响，但这一影响十分微弱。剖析一下权力结构，其中的原因便会昭然若揭。马克思与美国相距甚远，不能号召起美国工人。马克思主义组织未能有效地延伸到大西洋彼岸。最重要的是，社会定调尽管与欧洲密切相关，在美国却不那么重要，因为在美国，财产为更多的人所拥有，且工资也相对较高。此外，美国工人也不认为自己必须服从于雇主，他们在辞职后可以寻找另一份工作，有时也可以跑到边境。美国政府尽管服从于工业资本主义的需求，却仍给人留下比欧洲政府更容易接近的印

---

① 在非洲和古巴也获得了一定程度上的成功。

象。与欧洲工人相比，美国工人更不容易受到经济和政治思想的社会定调的影响。在美国，社会定调不出现在工人日常交谈中，在他们的阅读和教育中也不占突出地位。

这些并不是说美国的工业资本主义权力没有造成抗衡力量的出现。19 世纪结束时，小业主，特别是农场主，发现他们逐渐站在了工业家，尤其是他们的金融盟友的对立面，认为他们通过行使权力来让农场处在低价高成本（包括货币成本）的境况中。由此产生的社会调控，即反抗骚乱，尤其是针对金融利息的骚乱，从安德鲁·杰克逊延续到威廉·詹宁斯·布赖恩。对于工人阶级而言，劳动骑士团（Knights of Labor）以及世界产业工人联盟（IWW）同样为他们的不满进行了简洁却有力的发言。尽管如此，面对工业和金融权力各要素的广泛且巧妙的部署，农场主和无产者的反抗均未能成功。

在 19 世纪末，托尔斯坦·凡勃仑以高超的技艺讽刺工业界富豪们所奉守的社会风俗和民间礼节。在随后的几年，从事丑闻揭露的记者们将资本家的贪得无厌和滥用权力曝光于众。这同样能产生一定程度的定调性信念，但难以构成严峻威胁。

美国的那些对工业权力的反应中，更为鲜明持久的不是来自马克思，而是来自古典经济学家。根据古典经济学的原理，资本主义权力会受到来自竞争和市场运行的反制。无论资本所有者意愿如何，都会被引导服务社会。在美国，反对工业权力的人接受了这一观点。只有钢铁、石油、烟草和铁路行业的垄断与竞争观念存在明显的冲突。对此，予以应对的措施便是恢复这些行业的竞争，若难以实现的话，至少予以适当的管制。因此，对工业资本主义权力的应对主要表现为提议分拆大型托拉斯并通过立法来加以确定，同时制定法规来管制铁路部门。这些努力并非徒劳无功，比如在 1887 年通过的《州际商业法》、三年后通过的《谢尔曼反托拉斯法》、伍德罗·威尔逊任期内通过的《克莱顿反托拉斯法》和《联邦贸易委员会法》。在这些法案中，应对工业权力的法案都接受了工业资本主义定调下的基本原则。市场效益毋庸置疑，只不过仍需要通过政策来辨认出市场调控不奏效的领域并在此发挥作用。

就工业资本主义权力而言，这些反应基本上无甚害处。反托拉斯法在实施过程中会提高律师行业的就业率和收入，也会为那些权力受到挑战的人带去一些麻烦和损失。然而，在工业发展（包括竞争）和工业权力的相关来源上的影响微乎其微。（在工业发展和集中度调整上，美国和欧洲并不存在明显不同，只是美国通过政策来促进竞争，欧洲则没有这类政策。）与此同时，那些应对工业权力的人的情感和努力的方向，慢慢被引向要求和希望实施反托拉斯法。而这种实施反托拉斯法的希望超越了所有实践，到今天还未终结。而且，即使是那些反对工业权力的人也会坚持引导年青一代相信市场竞争这个美好理想，期待市场竞争终能实现的那一天。如果工业资本主义自己设计对自身权力的调控性反应，也不会比这更好了。

5

最后必须说一下发达资本主义阶段国家的作用和权力。马克思对国家进行考察时做出的不朽结论是，国家是统治阶级的执行委员会。这一观点，与其说是对现实的准确描述，还不如说是对真相的精彩表达。国家的权力包括：法律及其执行手段；补偿权力，比如美国和加拿大铁路行业的土地让与权；在工作价值问题上通过教育和对传统智慧的反复强调而实现普遍性社会定调，比如服从、自主、勤俭节约等。这些权力在执行中代表着工业权力的利益，而且往往听工业权力的差遣。国家是工业资本主义权力行使手段的延伸，在工业资本主义不能做的事情上，它为其代劳。如今一个普遍观念是美国或英国政府是商业的敌人，而在19世纪中叶，任何人都不会这样认为。

但如果认为19世纪的国家只为发达资本主义服务的话，那就大错特错了。公民个人拥有投票权，因此同样能获得国家权力的保护。国家保护人身权和财产权，国家会保护公民免受财产所有者的劫掠。其他人群的利益也能得到政府权力一定的保护，如农民、小商人、宗教团体、一些工业国家的旧地主阶级。

并非所有的国家权力都为他人利益服务或受他人吩咐而发挥作用。追溯到其来源，即（总统、总理或其他政治家的）具有号召力的人格、财产以及正在发展的组织，国家同样能行使惩戒权力、补偿权力和定调权力来追求自己的目的。在 20 世纪，特别是在组织里，国家开始作为一种独立的力量行使权力。正如我们可以看到的，这些趋势让官僚主义与独立行使权力或权力滥用成为同义词。

6

在 19 世纪，甚至到了 20 世纪，那些关注到捍卫资本主义的观点的作用和与资本主义不相容的观点的人，不会质疑这些观点在支持或反对资本主义体系权力上的作用。支持性观点让资本主义看上去是市场所运用的软弱无力的、温和的手段；相反，反对性观点让资本主义看上去是压榨和剥削工人的主要力量。因此，支持与反对发达资本主义权力的社会定调不分伯仲。

但上一章所提到的问题仍然存在：这些社会定调在多大程度上是被故意且巧妙地设法促成的？在多大程度上是那些切实相信自己是实事求是的人（比如斯密、李嘉图、马尔萨斯、边沁、斯宾塞、马克思、恩格斯）的自然产物？

诚然，最大的可能是后者。但实际上，没有人会认为，社会定调总是局限在他们的信奉者中。在现代，庞大且吸金的公关公司和广告产业公开宣扬个人、商业和政治道德，并以开诚布公的精神通过立法和市场来追求自己所需求的东西。那些在这方面挣得盆满钵满的人压根就不相信自己做出或宣扬的东西。在更微妙的层面上，解读和描述社会的学者和公关人员会考虑他们的受众，并通过受众的认可度来判断自己观点的价值。

但资本主义定调的伟大倡导者或马克思却不是如此。说发达资本主义的一流拥护者完全忽略了他们所获得的赞同是令人难以想象的。马克思的本性、行为和思想都是独立的，因此他绝对不会对工人们的反应无动于衷，一定会调整自己的著作和发言来增强这种反应。但对资本主义最强有力的拥护，即最具影响力的社会定调，来自那些高度相信他们提供的分析、描述和解决方案的人。领导反抗的人也是如此。社会定调并不源于那些精于设计的人，而是源于高度相信自己与真相保持一致的人。

第 14 章

组织的时代

1

发达资本主义的社会定调既广泛又深刻，它催生的反抗同样如此。而且这两种定调影响至今。在很多人看来，市场仍然是工业权力的融合剂，而现代公司仍然在看不见的手的指引下追求着社会最优状态。马克思主义思想仍然被视为"罪恶"的幽灵，或希望所在。因此，这里有着一个关于作为权力行使手段的社会定调的问题：社会定调被那些使用它的人所接受并视为现实，但随着基本环境的变化，制约就不存在了。由于它被奉为事实，所以掩盖了新出现的事实。这一问题同样存在于权力动力学最近发生的巨大进展之中，即作为权力来源的组织崛起，人格和财产的作用相对弱化。在经济秩序上，尽管老观点仍被宣扬，并作为解决方法融入政策，但与此同时新秩序却已经形成并对现代社会产生影响，而这种新秩序在老观念的定调下被掩盖起来。

在现代，组织的崛起在那些愿意看到这种结果的人看来是清晰可见的。组织的影响力散布于经济、政治以及军事权力中特殊且重要的领域，它体现在那些人和（所谓的）特殊利益集团千方百计地，或直接或借助国家，寻求赢得他人的服从上。管理层控制公司、工会、现代官僚国家，农民群体和石油生产者与政府、行业协会以及法律界有影响的团体结成联盟，都是组织时代的表现。这些都证明了作为权力来源的人格和财产所具有的重要性在相对地衰退，尽管财产的作用衰退得相对缓慢。这些都意味着在行使权力上将越发依赖社会定调。正如上面观察到的，财产在作为权力来源方面仍保有的重要性，并不是表现在直接收买服从上，而是表现在通过资助媒体来进行特定定调上，这些媒体包括电视广告、电台广告、新闻广告以及广告公司或公关公司的推广。

2

权力来源的变化在现代公司中表现得最明显。发达资本主义中人格作为主要权力来源的状况已经不复存在。从 19 世纪到 20 世纪，大企业家的名字是美国工业界的代名词。在其他工业国家，尽管程度不如美国，但情况基本如此。现在，在特定行业之外，基本没有人知道通用汽车、福特、埃克森美孚、杜邦或其他大公司总裁的名字，哪怕在圈内，也不见得每个人都知道。强势的人格为管理团队所取代，而企业家需要向无名的组织人做出让步。所以，作为权力来源的人格衰退了。

财产的作用同样衰退了。在发达资本主义阶段，没有人会怀疑资本所有者的权力。因为，正是这种资本，让他们能够行商，并让他们能够对立法机构、总统和总理以及大部分公众产生影响。作为工业权力来源的财产现在并非微不足道（尽管很难举出一个说明这个问题的完美例子），但遭到了相当大的削弱。美国最大的 1000 家公司毫无例外地是庞大的组织，目前贡献了所有产品和服务的 2/3，而且经济活动集中化在其他工业国家也普遍存在。在这类公司里，个人股东极少能够获得公司内部的权力，在最大型的公司里，更是完全无可能，这种情况由来已久。50 年前，先驱学者，比如阿道夫·伯利和加德纳·米恩斯，总结道：在美国最大的 200 家公司中，大多数都将控制权转交给了管理层，也就是说，管理层选出董事会，然后，董事会通过私相授受的方式选出当时选择自己的管理者。①
权力从财产所有者向管理者转移，即从财产向组织持续转移，
是工业发展的普遍特征。

两大因素导致在管理中财产的作用衰退。随着时间的推移，
公司的所有权由于继承而分散，其中不可避免地有一些继承人
因不具才能和智慧而无法行使财产所赋予的权力。与此同时，
工业生产变得越发复杂。公司规模、先进的技术、对专业管理
和市场营销技巧的需求共同排除了由主要资格源于财产所有权
的人进行决策的可能性。非参与者很难理解权力，也就难以有
效地干预权力。此外，在公司内部，决策不再由任何人单独做
出，而是越来越多地由专家在委员会中或密切的日常交往中

---

① *The Modern Corporation and Private Property*, New York: Macmillan, 1933. 权
力转移在戈登的研究中得到进一步肯定，其中包括《大公司中的商业领导
力 》(*Business Leadership in the Large Corporation*, Washington D.C.: Brookings
Institution, 1945)，而詹姆斯·伯纳姆对此做出更具一般性的论述，见《管理革
命》(*The Managerial Revolution*, New York: John Day, 1941)。现代商业公司的官
僚化受到约瑟夫·熊彼特的格外强调。他认为："这是现代经济发展中不可避
免的完善过程。"见 *Capitalism, Socialism and Democracy*, New York: Harper and
Brothers, 1947, p. 206。很明显，在工业公司中权力的主要来源从财产变为组
织并非最近的发现。关于这一问题，更为全面的新近研究可以参考爱德华·S.
赫尔曼的《企业控制与权力》[*Corporate Control, Corporate Power* (A Twentieth
Century Fund Study), Cambridge: Cambridge University Press, 1981]。

做出。[1]

与作为权力来源的组织有关的财产作用衰退并不易被人们接受。人们仍认为财产有一定的重要性。而且财产的重要性得到带有宗教色彩的仪式的证实。年轻人仍被告知现代公司的最终权力在股东手中。"比如，约翰去年从克莱姆公司购买了新股，……这让他在公司年度会议上与其他股东会面时，在'他'的公司的管理决策问题上有发言权。"[2] 大学教师和学生都相信，通过在股东大会上行使投票权，股东能对公司决策产生重大影响。在这种年度会议中，财产所有权能够获得虔诚的尊重。正如上面引用的经济学小册子所指出的，提建议时要说"贵公司"，这些建议不会对管理层的决策产生任何重要影响。[3]

---

[1] 我在《新工业国》(第三版)(*The New Industrial State*, 3rd. ed., Boston: Houghton Mifflin, 1978)中讨论了这些问题。怀特·米尔斯也曾就此表达意见道："决策……在公司高层中，正缓慢地由绞尽脑汁进行应对的委员会所取代，这些委员会对管理者递交上来的建议进行评判。"(*The Power Elite*, New York: Oxford University Press, 1956, p. 134.)

[2] 来自一本关于经济学的指导手册——《你知道经济基本知识吗？美国经济中的利润》("Do You Know Your Economic ABC's? Profits in the American Economy", Washington, D.C.: United States Department of Commerce, 1965, p. 17-18.)

[3] "尽管股东仍被有礼貌地尊称为'老板'，但这已经是一个被动称呼，他们只有接受的权利。他们是不能干预管理的。无论在法律上，还是在事实规则上，他们都无权干涉。" Adolf A. Berle, Jr., *Power Without Property: A New Development in American Political Economy*, New York: Harcourt, Brace, 1959, p. 74.

3

随着权力来源从人格和财产转移到组织，补偿权力的相对有效性显著下降，而且，可以预测到，调控权力的行使会越发频繁。尤其在上文提到的工业公司与工会之间的关系上，这一点尤为明显。工会在组织时代之前便已经产生，当时，它扮演的是购买劳动权力的抗衡力量这一角色。我们已经看到，在美国，工会在早期企业家中遭到的反对比在组织成员中遭到的反对强烈得多，这些早期企业家包括亨利·克莱·弗里克、亨利·福特和史威尔·艾弗瑞。① 这些拥有财产的工业家经常对服务于自己目的的权力以及压迫工人为其意愿和目的服务表示出浓厚兴趣；另一方面，对负责劳动关系的副总裁进行评价时所采用的部分指标就是他是否有能力与工会保持相对和平。此外不可忽视的一点是，他并不是在保护自己的个人财产免受工人的掠夺。因此，组织时代②带来的是曾对劳动力行使的补偿权力的极大衰退。

对于消费者或顾客而言，组织崛起所带来的变化却相当微妙，而且在某些方面实际效果是相反的。在这方面，同雇用工

---

① 这些企业家分别来自卡内基钢铁公司、福特汽车公司、蒙哥马利-沃德公司。

② 当然，高薪、失业金以及社会保险都扩大了惩戒权力和补偿权力之间的差距，也降低了补偿权力的强制力水平。

人一样，权力在于力求用最低成本来获得最大服从。当买家需求巨大且无替代物时，便可以少取多，此时，顾客受到剥削，正如类似例子中的工人的服从。这种权力的典型例子是对某些必需或需求很大的产品的垄断，这些产品不存在可用的替代品，也就是说，除了垄断公司，不存在其他卖家，可需求和垄断公司的权力又是如此之大。此时的解决方法便是引入竞争，因此竞争被誉为权力的溶解剂。

组织和相关的工业发展对竞争和垄断都产生了显著甚至深远的影响。大型工业公司、工会、农业组织、石油输出国组织、职业联盟或贸易联盟，它们的目的都是限制或消除价格竞争，从而尽可能地确保不存在更低价格的选择余地。就大型工业公司而言，这并不需要正式沟通，因为在价格竞争问题上有着这样一种共识，即如果不能控制住价格竞争，各方都会蒙受损失。即使是经济学中的经典学说也普遍承认对所谓的寡头垄断下的定价的隐性限制。因此，组织的主要目的之一便是摆脱市场的权力限制趋势，即市场规律，而它在这方面取得了广泛的成功。

然而，副作用也有所影响。现代工业发展带来的富裕很大程度上降低了特定消费需求的压力。商品和服务在数量和种类上的增长也直接为消费者提供各种替代选择。与 19 世纪相比，消费者在选择商品上有更多的机会，在享乐与炫耀上同样如此。

因此，垄断不再像以前那样因其补偿权力而可怕。那些可能会屈服于垄断势力的人，现在能选择购买其他商品，或选择不买。这就导致了一个很少有人注意却意义重大的结果，即垄断作为一种社会难题，最近在工业国家里不再是引起焦虑的主要话题。

这种发展引起了补偿权力向定调权力的重大转移。在诸多替代选择成为可能的情况下，一种应对方式就是说服人们这些不是真正的替代选择，即在消费者中培养起一种信念，使消费者相信卖家所提供的产品或服务是独一无二的。这种做法促进了商业广告的蓬勃发展。正如某些人所指出的，广告并非一种新的重要的市场竞争方式，它通过定调权力来让某些商家保留住对消费者的权力，而这种权力之前是通过补偿权力来维系的。

消费者在面对商品或服务的卖家权力时所做出的对称性反应，在这种转变中也是清晰可见的。当消费者服从于补偿权力，即被迫以多换少时，为了应对，他们便建立合作社或消费者协会来行使自己的补偿权力。这些团体试图以更低的价格购买更多的商品，寻找替代的供应来源，或呼吁政府管控价格或消解卖家在市场中具有的权力。商品价格作为补偿权力大小的指数曾是人们关注的核心问题，但现在却不再如此。当代消费者的注意力几乎全部集中在商品的广告上。他们抗衡定调权力主要是为了习得如何辨别出什么是真实的，或什么被认为是真实的，而这一点同样体现在代表消费者利益的政府机关的行动中。最好不要将价格作为首要的考虑要素，而应将关注的核心放在广告的确切性，即广告中传达了哪些真相，这便是当代消费者行动的目标。在补偿权力转向定调权力时，这种反应是可想而知的。

4

当现代工业公司寻求国家对其目的的支持时，定调权力再一次成为其所利用或最终利用的手段。直接收买立法者或其他公务人员并非完全不为人所知，然而，这在现在看来是对更高尚的道德观的冒犯，在很大程度上也是为法律所禁止的。公司对立法者或公务人员行使权力的主要方式是培养起一种信念，让他们相信自己的需求或目的，这种培养或直接进行，或经由他们所关注的追随者进行。所谓强大的游说团就是这么一种善于直接定调，或者能有效地调动起规模可观且反应迅速的团体和协会，并通过他们来吸引他们的政治代表的游说团。[①]没人会认为，金钱资源，即财产，在这种关系中不重要。然而，财

---

① 因此，在美国，游说权力主要针对以下群体：战争老兵、靠社会保障生活的人、美国步枪协会成员。

产所具有的重要性并不体现在直接的补偿性行动上，而更大程度上体现在上文提到的收买社会定调上，包括用于为易被说服或支持己方的立法人员做宣传或抹黑那些反对自己的立法人员的社会定调。

现代社会中，定调权力的行使，即说服立法人员、公务人员或他们的追随者，并不容易。它是人们关注的主要话题和政治评论的焦点。然而，这可能不如直接收买或行使补偿权力有效，后者在发达资本主义时代很常见。此外，正如我们已经看到的，补偿权力与财产有着难以割断的联系，而反过来，绝大部分财产又掌握在工业资本家手中。定调权力同样需要利用金钱资源来资助其所依赖的各种渠道，比如电视、电台、报纸广告、演讲、对个人的讨好。然而，一般而言，尽管需要满足这一需求，定调权力还是比补偿权力更能为人所用。找资源、筹资金并不难。在某种程度上，定调权力能为所有建立组织的人所利用。

5

在组织时代，定调权力的使用更为广泛，另外，至少在某些方面，现代大型公司能利用的定调权力弱于 19 世纪与庞大的资本或财产相关的定调权力。

在大型工业公司中的庞大组织已经成为现代工业社会中的不争事实的同时，其权力所依赖的定调权力却未能赶上这一步伐。相反，社会定调基本维持在古典资本主义阶段的水平。权力被市场和竞争支配。人们认为，无论意图何在，权力总受到市场和竞争下产生的奇迹的引导而追求有利于社会的目的。结果便是，19 世纪的社会定调在如今大组织世界中越发令人难以置信的环境中留存了下来。

持续使用早先的定调在经济教学中表现得尤为明显。现实世界是组织间大规模互动的产物，比如公司、工会、国家。工会的工资要求与公司定的工资水平之间的相互影响已经成为现代通货膨胀的主要原因。但如果教科书抛开这种相互影响，从脱离现实的角度来分析通货膨胀，那么这种教科书将难以为学院或大学采用，更为重要的是，它很难取得与市场竞争假设相兼容的几何和数理上的改进，而没有这些改进，经济学教学也难以获得好名声。

由这种教学所维持的社会定调的确能产生特定的作用。成千上万聪慧的年轻人无意识地回避了工业权力的行使。我们可以看到，权力在很多方面发挥作用，而且没有一种比培养让人沉溺于虚假之中的信念更为有用的。"微观经济学如今必须应付寡头垄断无处不在的世界，认识到这一点……将威胁到自由竞争体系的基本防线。"①

然而，无论社会定调的影响多么深入且广泛，它都难以太明显地与现实相悖。当代大公司，比如埃克森美孚、通用汽车、壳牌、飞利浦，其存在和权力越来越难以隐藏在市场表象之下。因此，有关新古典经济学的文献在教学中充当定调媒介时已经稍微地带有贬义，被认为不再完全反映现实。一旦经济学教育被认为不反映现实，而是远离现实，那么其定调价值无疑会受到损害。

当经典社会定调从教育领域转移到大工业公司的日常行政、公共关系以及广告推广中时，其与现实的矛盾越来越大，随着人们对社会定调的信仰消失，市场所具有的权力消解作用变得绝对，比如，埃克森美孚在行使权力上与街区蔬菜店或乡村诊所并无二致。因此，说服仅对那些易受影响的人起作用，这些人今天会相信任何事物，明天同样会轻信别的事物。对另一些人来说，公司宣传的社会定调很重要的影响便是培养一种怀疑精神。当那些明显拥有权力的人煞费苦心地否定自己拥有权力时，他们必会滥用权力。在工业国家，不再相信在大公司拍摄

---

① Thomas Balogh, *The Irrelevance of Conventional Economics*, London: Weidenfeld and Nicolson, 1982, p. 60.

的关于公共利益的广告中所看到和听到的内容,是精于世故的标志。现代商业公司的定调权力和补偿权力仍十分强大,但很难推断说,它能与发达资本主义阶段的大资本主义企业的直接补偿权力分庭抗礼。

现代公司与国家的关系进一步恶化。在 19 世纪,国家可以看作公司的同盟,因此,很难想象政府与公司之间是敌对关系。而现在人们却广泛地认为政府和公司相互敌视。现代股份制公司的社会定调很大程度上倾向于干预、限制以及诋毁政府。(政府与其附属企业之间有着非常和谐的关系,这仅存在于军事权力领域。)其原因很大程度上在于补偿权力转向定调权力。补偿权力很明显为商业公司所垄断。商业公司所收买的立法人员和公务人员不太可能敌视自己的东家。定调权力允许国家拥有更多的利益,而且这里的某些利益对商业权力不友好,导致股份制公司与现代政府之间产生看上去的或真实的对立关系。

但国家同样发生了变化。与 19 世纪所扮演的角色相反,国家不再是那些求助于其权力的人的工具,而更多地拥有了自己的权力。组织和定调权力再次成为行动的力量。现代国家具有庞大的组织,即官僚机构,而官僚机构反过来又让国家很大程度上成为实现自己的目的的工具。

第 15 章

组织和国家

1

从 19 世纪开始，持续到几十年后的 20 世纪，人们普遍把现代国家看作工业资本主义权力的工具。欧洲革命传统下的马克思，以及美国批判传统下的托尔斯坦·凡勃仑和林肯·斯蒂芬斯意见完全一致。如前文所述，这个观点有些夸张，因为国家也反映并服务于其公民和组织成员的不同目的。但最为重要的还是为工业（以及金融）利益服务。① 直到进入 20 世纪，才有人想到政府与工业之间存在冲突。在 19 世纪，工业权力的行使也有一定的独断性。无论直接行使，还是通过政府来行使，

---

① "尽管工商业具有持续优势和权力并对政府有可观的影响力，但与 20 世纪 30 年代之前几乎完全控制政府政策相比，它还是相对衰退了。" Edward S. Herman, *Corporate Control, Corporate Power* (A Twentieth Century Fund Study), Cambridge: Cambridge University Press, 1981, p. 185.

都是这样。在赢取服从上，没有什么能与工业家所具人格、财产和组织匹敌，然而，这一点也已成过去。组织时代的一个显著特征就是有组织集团的大量涌现，比如工会、贸易协会、政治行动委员会和农业组织。这些组织试图通过利用国家权力手段来实现自己的目的。与此同时，国家机关内部也涌现大量组织机构，比如部委、厅局、相关当局、市政机关和军队。这些组织成为国家权力的原始来源。这两点值得关注。

2

现代国家在其结构内部将三种权力来源结合起来，即政治领导人的人格、以获取和使用资源为形式的财产，以及组织。国家显然也能利用三种权力行使手段，即几乎垄断惩戒权力、运用强大的补偿权力、大规模且越来越多地使用定调权力。19 世纪及以前，在某种程度上说，所有这些权力来源和行使手段都是能够利用的。而发生了变化的是，在政府正式结构中这些权力来源和行使手段所具有的绝对和相对的重要性，以及政府正式结构外的组织对其使用的程度和多样性，这些组织试图利用国家权力手段来实现自己的目的。

在考虑通过现代国家所行使的或现代国家直接行使的权力

时，有必要对政府内外取向以及两者之间的调解力量进行区分。在政府外部有着立法机构、选民，以及大量对政府以及直接对立法机构本身施加压力的组织。我称这些为政府的外部程序。在现代，政府内部有着规模庞大且复杂的组织。我称这些为政府的自主程序。它们很大程度上是指官僚制，尽管并非完全如此。[①] 官僚制所具有的贬义内涵一般来自那些被其支配或反对官僚制的人的感受，这些人包括美国最近的几位总统。[②] 然而，这并不意味着权力的自主或官僚式行使对社会不利。相反，它为实现最高层次的文明目的服务，包括保护人民免受贫苦、剥削和虐待，即管制惩戒权力的行使，为人民生计提供保障，为工业成就和教育提供保障，促进知识进步，鼓励艺术发展，保护国家资源，以及数以百计的其他功能。关于自主或官僚权力的社会价值在此就不加以讨论了。[③]

在政府的自主程序和外部程序之间存在着调解程序，这一点在不少例子中都有所体现，比如美国总统及其幕僚和助手、内阁

[①] 军队是政府自主程序的一部分，但它们通常不受官僚概念的影响。我将在下一章对此进行论述。

[②] 卡特总统和里根总统都雄辩地抨击联邦官僚制度，说它臃肿、令人焦虑，甚至让人生畏。当约翰·肯尼迪在面对看似明智的行动建议时，他有时倾向于回答："我同意，但不见得我们的政府也同意。"

[③] 或者说，我事实上也不打算讨论其合法性，尽管这是大多数写关于权力的文章的人主要关注的问题。

官员及其任命的下属。他们在行使权力时为其目的赢得服从。但大多看似在行使自身权力的行为，实际上处于自主权力和外部权力之间的调解。[①]

我首先讨论政府的外部程序。

3

对工业权力的行使极其有用的是，让公众相信所有有效的权力都会在工业企业服从于市场的过程中消散。我们已经看到，这种灌输信念的做法在经济学教育中仍然存在。没有什么比政治演说更能悄无声息地直接或间接行使国家权力。政治演说实际上有着宗教仪式般的色彩，它承诺国家的所有男人和女人都有平等的投票权并且要求人们服从反映多数人意愿的投票结果。年轻人被如此告知，真正的好公民也如此接受。但在日常实践中明显完全不是这样。在 19 世纪，民主仪式掩盖了收买投票者和候选人，以及补偿权力通过赞助来直接干预投票，尽管这种掩盖并非总是奏效。通过这些手段，多数人在为少数人的目的投票。在 20 世纪，这种仪式掩盖了对民主选举程序更为高

---

① 关于这些权力间关系更为正式的描述，请见：Dennis H. Wrong, *Power: Its Forms, Bases and Uses*, New York: Harper Colophon Books, 1980, pp. 158 et seq.

明的破坏。尽管投票者仍被视为主权者，但大多数人的主权仍被转向支持少数人的目的。组织时代所发生的变化是诸多具有高竞争力的组织出现，并努力让投票者以及他们所选的代表服从于自己的目的，而且现在的主要手段是定调权力。公司、军事工业、一般的商企、工会、农业组织、宗教机构、消费者团体，以及数之不尽的具有更为特定目的的组织现在都例行参与政府的外部程序，并寻求赢得投票者的服从来服务于其需求或目的。或者，他们寻求那些获选者的服从。财产以及相关的补偿权力在外部程序中都非常重要，然而，除了极例外的情况，他们基本都不会奖励投票者或获选者，而是会为已经成为有效的权力手段的社会定调买单。

现代国家，尤其是美国，大量使用这种社会定调。演讲、报纸宣传和广告、电台，以及尤为重要的电视广告在现代政治选举中都是十分关键的。这些赢得信念的手段（即定调权力）的数量和策略都被认为是决定性的。与候选人同等重要的还有那些被视为具有才能和知识来管理必要的社会定调的人。①

---

① 亨利·布雷顿对金钱在现代政治中的作用进行了广泛、深刻的论述，尽管这种论述有点不太系统。见：Henry Bretton, *The Power of Money*, Albany: State University of New York Press, 1980, pp. 164 et seq. 伊丽莎白·德鲁的《政治与金钱》中有新近且具有说服力的解释，见：Elizabeth Drew: *Politics and Money*, New York: Mac-millan, 1983.

在政府外部程序中的定调权力的行使，不出所料地在抵制者中引发对称性反应。这在现代国家中是清晰可见的现象。那些组织投票者与立法者，并试图说服他们相信堕胎是种罪恶的人，受到那些组织起来追求女性自由选择权利的人的反制。那些为刺激投资和商业活动的降税或免税进行游说的人和组织，受到那些对填补税务漏洞的必要性进行游说的人和组织的反制。那些希望在公立学校进行祷告的人，会受到那些希望祷告只限于教堂和自家或弃绝祷告的人的反制。

由于组织和作为组织的权力行使手段的定调权力在政府外部程序中很容易使用，所以被充分利用。这反过来对这种手段的有效性产生深远的影响。它通过直接劝说、媒体、演讲、书籍、宣传册和其他方式，显著地发挥作用，让投票者和立法者不受其思想上难以接受的东西的影响。然而，如此多地使用定调权力产生的效果却微乎其微，它很少能赢得服从，但这并不会减少对它的使用。因为它是唯一可用的。此外，凡是参与举行会议、发表演讲、出版书籍、书写文章或社论等活动的人都对自身权力印象深刻，因此认定自己行使了权力。但是却只有行动没有结果。在我们这个时代，诉诸权力手段常与权力行使相混淆。我将再次阐述这一权力幻象问题。

4

第 6 章和第 7 章所提到的更深一层的组织原则是政府外部程序中组织定调权力的核心所在。具体而言，如果组织试图使他人服从其目的，那它的对内权力必须强大，即其成员必须完全服从于它，只有如此，其获得外部服从的能力才能相应地增强，比如获得这里的选民和立法者的服从。而且，组织通过赢得服从来追求的目的越少，其内部纪律便越严格。美国步枪协会对美国的选民和立法者行使着强大的权力。这反映了其目标的狭窄性，即维护拥有枪支和使用枪支的权利，并将其合法化。那些反对或支持女性权利、平权运动或所谓的工作权法的组织同样具有类似的纪律和单一的目的。在单一利益或特殊利益游说的日常实践中，这一点显而易见。有一点值得注意：在政府外部程序中，保守组织尽管人数较少，却似乎总是比人数较多的自由组织的权力要大。因此，反对妇女权利和堕胎的组织中尽管总体看来选民人数不多，但在影响立法上起到的作用却很大。原因在于其在纪律上具有更强大的保守特性。保守态度接受公认的信念、社会定调，自由态度则质疑、挑战和驳斥这些信念和定调。

5

　　国家的自主程序中有着诸多不同的、规模庞大的组织，这些组织负责管理现代政府的工作。在美国，部委、厅、局、委员会和官方机构构成政府的常设机构。这些组织很少将人格视为权力来源。由于人格在作为权力来源方面无足轻重，所以其成员往往被叫作无个性官员。他们拥有并能利用可观的，有时甚至非常庞大的资源，因此其权力更多地依靠财产。[①]但最重要的是，其权力源于规模庞大、结构复杂、纪律严明的组织。

　　政府的自主程序中显著的特征是，它们能利用所有权力手段。它们能在不同程度上利用惩戒权力，尽管这会受到法院的进一步限制；它们能够大量使用补偿权力；它们在很大程度上依赖直接或间接的定调权力。政府权力有限是美国政府的共性，这一点总是指向其惩戒权力。而类似的道德和法律上的限制却没有施加到更为重要的补偿和定调权力的行使上。

　　在政府的自主程序中，定调权力同样至关重要。强有力的

---

① 对补偿权力行使的限制，或更确切地说，对支撑补偿权力的财政资源（即拨款）的限制，是政府外部程序在面对自主程序时所用的主要权力手段。尽管这种资源是所有人感兴趣的焦点，但它并非唯一的强大手段。政府的自治部门通过了某些集中审查和调整后向立法机构递交预算案，而且他们的要求通常都会得到满足。

政府机构尽管经常利用补偿权力，还可能利用惩戒权力，但很大程度上还得依赖定调权力。隐性定调会让特定机构的目的得到普遍的接受。这种定调能通过会议、演讲以及新闻、电台和电视报道中的大量信息流动而得到加强。隐性定调还经常涉及能为公众所获取的信息的复杂管理。在美国，国防部、中央情报局、国务院、国家安全委员会通常都极其谨慎地关注这样发布出来的信息。人们理所当然地认为，这种信息和他们的信念将有助于实现有关机构的最大利益。与当局利益相悖的资料往往会被扣留下来，而且这样的资料经常会被分类。特定资料在分类之后若未经允许而发布，那么其发布者将可能受到惩戒。没有什么比未经允许的信息泄露具有更大的危害，而在官僚看来，也没有什么比这更令其面临受指责的可能。关于受管控的新闻、涉密和分类的讨论和争议反映了作为权力行使手段的社会定调的重要性。新闻从业者和其他人员都正确地意识到这是权力行使中的主要手段。美国政府中没有权限管理信息的当局，比如商务部、劳工部、农业部等，所具有的权力压根就无法与那些能够管控信息的当局相提并论。

成功地掌控信息的能力能将组织的对内和对外权力结合起来。公共机构让其成员在相当程度上服从于自己的目的，这种服从意味着其成员放弃了自由表达的权利。这是更具一般性的服从的重要方面。在极端但并不罕见的情况下，这种服从意味着放弃独立地思考任何反映组织目标的事物。只有在这种情况下，人们才会被称为好士兵、好公职人员、好"代理人"、好外交官、"真正相信"自己所做的事情的人。相关机构一旦获得这种可靠的服从，就会变得更为强大；反之，相关机构便会变弱。

政府自主程序中的定调权力同样会因现代国家所承担的任务越来越多且越来越复杂而大幅增强。公众会因这种复杂性而难以理解国家的目的，因此，国家试图从其身上获取服从的人也不会做出有效的反应。而且经常会有声音表示国家的目的过于复杂以至于未经训练的人难以理解，因此培养起对国家目的的信念成为社会定调的应有之义。在过去，美国国务院和其他国家的国务院一样，很大程度上基于这样的信念，即外交政策太微妙复杂以至于普罗大众和平庸的政治家都无法理解。所以，外部人员最好置身事外，而不是挑战那些垄断了必要知识和技能的人的权力。在下一章将提到的武器政策和军控问题上，发挥重要作用的同样是这种具备社会定调技巧的人。这种有意为之的定调与现代政府所承担的任务的规模、复杂性、技术以及其他方面的复杂性结合起来获取大众的服从，这一点直接体现在这句俗话中："我们必须将它留给专家。"

最后，政府自主程序中的权力取决于其与外部程序中的组织的直接关系以及定调权力的共同行使。关于这一点，最极端的例子便是国防部与军火公司的同盟关系。但很多，可能是大多数的政府自主机构在其外部程序中都有着与其是伙伴关系的组织，比如农业部与农业集团，国务院与所谓的对外政策研究机构，内务部的土地管理局与在国有牧场放牧的牧民，陆军工程兵团与进出运河的人。

在政府自主程序中，如果行使权力不利于外部程序中组织和个人的目的，权力辩证法也会起作用。核冻结运动随着自身的发展会与极其关注核武器的国防部以及军火工业发生矛盾，自然资源保护主义者会联合起来提倡保护联邦所有的荒原，环境保护主义者会组织起来反对对有毒废料排放采取放任态度。权力行使仍旧会引起一般性的对称性反应。

在思考政府自主程序时，人们总会倾向于强调组织以及相关的作为主要权力行使手段的社会定调的作用。然而，这些问题并非都如此绝对。那些所谓的强大的官僚机构也要动用其他两种行使手段，而这些都是源自三种权力来源。美国联邦调查局（FBI）在其最辉煌的年代可以算是十分强大的机构。在埃德加·胡佛主管时，FBI 处于顶峰阶段。此时，它毫无疑问地有着有效的人格，也能从国会中获得大量资金，即财产。此外，它也通过高度纪律化的组织来行使某些权力，在这些组织里服务的官员完全服从于所在部门的目的。至于行使手段，FBI 所行使的惩戒权力不局限于法律框架内，也体现在超法律范围的对抵抗或批判其手段的人的惩戒。凭借收入，它能向那些服从其目的的人提供充足，甚至慷慨的补偿。此外，它还谨慎地关注着社会定调，培养起对组织的道德目标和高效性的信念，与那些颠覆分子和罪犯做斗争，毫不留情。在应对颠覆分子和罪犯上，FBI 不仅能对其进行有效打击，还能保护普罗大众免受这些人的伤害。这些权力来源以及行使手段相互结合，导致了权力的积聚，以至于在很长一段时间内没有总统会认为挑战这种权力是明智的。然而，它最终还是会遭遇到辩证性的反应。FBI 的权力激起了反对，而且也因此受到了实质性的限制。

6

正如前文所述，在现代国家自主程序和外部程序之间存在着行使权力与调解权力的结合。在美国，这便是总统与其所任命的官员组成的小集团。毋庸赘言，总统是权力的原始来源。总统办公室还充分地反映了权力行使的现代趋势。人格保有毋庸置疑的重要性，尽管其具有的决定性不比宣传和想象中来得强烈。总统能掌控的资源，即财产，是主要的权力来源。此外，如同现代在其他地方一样，组织具有越发重要的意义。现在，总统依靠一个庞大的内部行政团体，70～90名男女经常在总统身边辅助他工作。直到富兰克林·罗斯福时期，这类辅助性组织在白宫几乎还没有出现。伍德罗·威尔逊亲自用打字机草拟演讲稿。

关于权力行使手段，使用惩戒权力理所当然地受到严格限制。行政长官对打击罪犯没有裁决的权力，如果他做出裁决，就会被认为越职，甚至算是违法。当然，总统也无权干预决定实行何种刑罚。总统的补偿权力很强大，通过直接或间接利用资源，即授予或不授予资源，便能获得很大程度的服从。这种补偿的魅力和可取性为大多数人所谙熟。这种补偿权力不仅影响到参加白宫社交仪式的琐碎细节，还反映在总统向那些卖弄忠诚的人施以小恩惠或授予荣誉勋章上。

然而，总统如今越来越难以避免地依赖定调权力。因此，白宫的组织对此给予主要的，甚至是排他性的关注，而其纪律基本上就是为这一目的服务的。政府会紧密关注新闻发布会、演讲，以及所有事实上与媒体相关的公众集会，并将其作为十分急迫的事情来处理。要向政府外部程序（即那些试图从国家和选民中获取权力的组织）行使权力以获得服从的话，总统或多或少有必要进行电视演讲。正如在政府自主程序中一样，人们认为极其重要的是，必须控制或压制那些与必要的社会定调相矛盾的信息的发布。①

7

尽管总统的原始权力如此可观，但可以设想，夸大这种权力会比低估这种权力带来更多的错误。正如我们所看到的，那些表面上看似属于总统的权力中有很大一部分都是相互矛盾的权力之间的调解权力，即政府内部程序各部分之间的调解权力，或政府内部程序与外部程序之间的调解权力。不应小瞧这种调解权力。然而，这种权力行使所带来的结果并不符合总统或其官员的初衷，而是符合相互竞争的组织的一方或另一方（或在部分情况下是双方）的初衷。

其他因素也会深化总统权力给人的印象。在传统上权力是

---

① 在理查德·尼克松任期内，这（最终）导致了众所周知的"水门事件"以及臭名昭著的对工作人员的窃听。这反映了对防止那些有害于所必需的信念的信息发布的关注。然而，对这两件事中权力行使者的指责并非着眼于努力控制信息发布上，因为这已经被视为理所当然，而是着眼于压制信息发布的方式上。

与人格相结合的，而且总统又十分引人注目，因此，人们会根据常识（或毫无常识地）认为他和他的官员们都拥有强大的权力。那些论述总统权力的人基本上都深陷于这种三段论。

权力幻象在现代社会定调的作用下越来越强大，并对政府权力产生影响。与通过惩戒权力或补偿权力而得到的客观结果相比，通过社会定调获得的服从是主观且相对可见的。因此，正如已经提到的，人们十分倾向于将其视为理所当然。要是总统发表电视演讲，或宣布新的武器政策，或寻求对他预算的支持，可以设想的是，他一般都会收到积极的回应。在这里，权力行使再一次成了结果。

权力幻象同样能通过那些与总统关系密切的人而得到强化。总统的助手特别热心于总统权力的行使。通过强调总统的权力，他们同样能让自己更受大众的关注，这反过来又大大提升了他们的自尊。通过记者、新闻报道员，以及其他与白宫有着密切关系的媒体专家，这种夸张的效果更强烈。这些人都深深地参与到了定调权力的行使中。也就是说，他们的报道不可避免地支持了必要的信念，但有时会适得其反。这样的参与会让人们（除了极少数最不易受影响的人）强烈地感受到权力的增强，这会被视为危险信号。①

8

上面的论述并非要证明，在政府不同程序中权力幻象凌驾于现实之上。现实的国家权力体现在很多方面，尤其是，定调权力极其深入人心以至于任何对相关权力提出的疑问都会面临其不完全遵从国家利益的指责。在军事权力上也是如此。正如我已经说到的，军事权力的行使既强大又严肃。这一主题将在下一章讨论。

① 报道白宫的电视记者和报社记者都对他们承担的重大责任有深刻印象，也就是说，他们拥有权力。几乎每一个从事这种工作的人都希望能写一本有关行使权力的书。这样的作品基本每年都有几本。他们的作品绝不会贬低或轻视与作者职业相关的权力行使。除此之外，很少有主题不受批判。至于定调权力的本质，很难清楚区分现实和幻象。那些被指责可能夸大了自己的权力的作者并不会受到大的影响，因为批判他的人往往是他的同事，而他们很容易被说服。

第 16 章

军事权力

1

当个人不仅自愿服从于他人的目的，而且视这种服从为美德时，权力便得到了成功表达。当然，这种最高级的表达方式只发生在人们没发现自己处于控制之下的时候。成功实现定调权力是这种表达的最高水平，信念让服从不再是有意为之，而是被认可的行为的正常且自然的表现。在我们这个时代，这种服从很大程度上是在政府自主程序中最强有力的军事领域实现的。支持强大的国防是爱国主义的应有之义，对此，任何真正的公民都不会持有异议。然而，这种十分成功的定调仅仅是权力更强大的表现的一部分而已。军事权力不仅包括重要的权力来源，更为重要的是还包括所有权力行使手段，并且能十分充分且有效地使用这些手段。这是十分令人敬畏的，哪怕是潜在的，或可能产生的后果，也不会削弱这种特性。

但这并不是说军事权力能避开人们的注意。相反，在我们这个时代，军事权力的行使比任何其他权力的行使都更会引起公众的严重不安，并会引起对称性的抵制。我们现在可以看到这种关注是正当的。我们必须更清楚地了解军事权力来源，才能更好地对其进行制衡。

2

在三种权力来源中，军事权力更依赖庞大的财产（即财政资源）和组织。在过去，尤其是战时，人格同样是重要的。第二次世界大战期间，美国、英国和德国都有令人印象深刻的领导人，比如乔治·卡特利特·马歇尔、德怀特·戴维·艾森豪威尔、道格拉斯·麦克阿瑟（他在战后和平时代仍十分显赫）、伯纳德·蒙哥马利和埃尔温·隆美尔。在人格不被重视的地方，它因媒体广泛的援助而得以彰显。然而，在现代军事权力中，人格已经不甚重要。参与越南战争的将军都难以为人们所铭记，尽管他们在战争中付出了相当大的努力。[①]那

---

① 对军事战役的报道一般是应所报道的将军的命令而为的。丧失了对媒体的控制是越南战争中军事权力的一个致命弱点。

些担任军队里具有正式授权职位的军官更能体现这一点。五角大楼以外的人几乎不会知道现任参谋长联席会议成员的名字。在这里，和组织时代的其他地方一样，作为权力来源的人格让位于无名的组织人。[1]

军队具有且能利用诸多资源，而且有着庞大的纪律良好的组织。反过来，军队能从这些军事权力来源中获得相当重要的惩戒权力并利用它，同时通过补偿权力和定调权力来赢取绝对的服从。

军事权力的财产来源其实不用多说。在美国，它远多于其他权力来源，[2] 它不仅包括用于武装部队和民事部队的财产，还包括流向军火工业、大规模投资军火工业计划的资金，以及维持其工作的资金。源自这些财产的补偿权力，使其获得了海陆空士兵、国防部众多文职人员，以及武器和其他军备公司的雇员、管理层和所有者的服从。

源于军队财产资源的补偿权力所赢得的全部员工和供应商

---

[1] 在现代，国防部持续地为将人格与组织相结合而努力。在任的军官都被认为具有鲜明的人格，而这种人格赋予他们权力。然而，正如之前观察到的，这些人格带来的权力难以在私人生活中保留下来。

[2] "国防部雇用了更多的人员，用以购买商品和服务的花费比政府其他部门所花费的总和还要多。美国卫生和公共服务部有庞大的预算，但这种预算几乎都是面向个人的转移支付。" Adam Yarmolinsky, *Governance of the U.S. Military Establishment*, New York: Aspen Institute for Humanistic Studies, 1982, p.1.

的服从是有目共睹的。但由于这如此清晰可见，便很容易在强调军事权力的真正核心时出现错误。传统观点认为权力与工业企业相结合，事实上，马克思主义和 19 世纪主流批判态度的延续被广泛地认为与国防工业有关。军事工业家是关键的人物，他们不仅设法获取军事预算，还能从中获利。这样行使的权力无疑是强大的，并能据此而赢得科学家、工程师、管理人员、工人以及依赖国防生存的团体的服从。立法人员敏锐地感受到这种权力，而且有关公司对竞选的贡献更是深化了这种意识。在这一层面上，军队的补偿权力介入并且在某种程度上控制着政府的外部程序。① 然而，国防工业的相对可见性以及他们与政府外部程序的明显联系并不会让人小看其他行使军事权力的机构。国防工业是更大的机构的延伸，其核心在于政府的自主程序，也就是五角大楼。此外，尽管补偿权力及其来源——财产或财政资源十分重要，但军事权力更为重要的行使手段是与组织有着密切关系的定调权力。

---

① 这种权力最少能让他们保持审慎的沉默。罗伯特·施密特是数据控制公司的副总裁、美国东西方协作委员会主席，他在评论企业高管不愿意就核武器的威胁以及销毁核武器表现出积极的关注时指出，"很多商业人士选择不通过这类讨论提升自己的形象"，因为这里不存在让他们"从政府或行政部门中获利"的可能。此外，奥尔登电脑系统公司的威廉·奥尔登曾说，很多商业领导不愿意在这一问题上表明立场，因为他们害怕五角大楼会因此对他们的公司"投反对票"。转载自：Florence Graves in "Are These Men Soviet Dupes?", *Common Cause*, January/February 1983.

3

在人生中的大多数时候，独立的自我表达都是具有一定价值的。反过来，自我表达与纪律严格的组织及其所具有的相对称的对外权力相违背。正如我们所看到的，无论是武装部队还是文职机构，其强大定调并非基于自我表达，而是基于纪律。而这又通过奖励和惩戒得到强化。全盘接受组织目的的士兵能获得升迁并获得各式各样的荣誉奖励。而桀骜不羁的士兵注定要受到惩罚，比如使其颜面尽失的开除军籍，又比如最极端的情况下被起诉到军事法庭。这种惩戒权力仅在有军事纪律支持的情况下才能行使，而不会出现在其他公共或私人组织中。

在政府自主程序的文职部门，以及与军队有关的文职部门中，纪律宽松得多。然而，五角大楼的雇员却不得在任何违背其所在的组织的目的方面发表言论或采取行动。凡是公开发表异议的人都会面临被指控为告密者的危险。此外，如同其他所有组织一样，军事组织有着诸多压制微言异议的手段，比如拒绝给予升迁、禁止参与集体行动、不再认可其责任感或可靠性、不接受其为社会活动的成员等。因此强制执行纪律的力量异常强大。对军事权力而言，没有什么比将其内部不睦与冲突公之于众更为有害。[①] 正如在第 6 章和第 7 章所看到的，军事组织的内部纪律也因此催生强大的外部效应。

4

军队定调权力至关重要的需求是存在特定的敌人。军事权力要超越传统的、仪式性的或预防性的特性，就不得不存在充满敌意的威胁。这种威胁不仅让军队随意使用作为补偿权力来源的财产，还能让信念在军队内部以及外部得以巩固。内部纪律必须保持严格，而对于受到敌人的资助、怂恿或鼓动的外部异议分子或反对分子，必须予以追究。[②] 说轻了，这些人都是不爱国的；说重了，他们的异议几乎就是叛国，这会面临传统意义上的惩罚威胁。深度定调下的态度肯定了爱国主义的价值，而在面临外部危险时，这些态度便具有绝对重要性。第二次世界大战以来，朝鲜、中国、越南民主共和国，特别是苏联都对美国构成威胁。在 20 世纪 70 年代美苏关系缓和的那几年，美国军事权力明显因此被削弱。1980 年后，放弃缓和与军费开

---

① 正如在 1982 年众人皆知的参谋长联席会议的大部分成员反对所谓的高密度 MX 导弹事件。

② 在 20 世纪 80 年代早期，据说，提倡冻结核武器的人都受到苏联的操纵或为苏联服务。

支大规模增加几乎同时发生，而这绝非偶然，因为前者是后者的必要条件。

与敌人的存在相关的是对信息以及随之而来的社会定调的控制。需要保护军事秘密不被敌人知晓，这为阻止普通大众完全接触军事秘密提供了理由。可以发布的信息必须是在本质上，甚至各方面都最有利于所需要的公共信念（即所需的社会定调）的，这包括军队对敌人意图的观点，特别是应采取何种武器的观点。关于军备和武器系统的重要讨论必须在分类限制、一般性组织规律的限制，以及防止机密泄露的惩戒或威胁的范围内展开。

但这并不意味着权力行使不会受到挑战。正如上一章中所强调的，关于为了国家安全而进行信息管理的问题，持续存在着尖锐的争论。何种控制是合适、必要且正当的？何种控制是不合适和自私的？在现代军事权力行使中存在争议，正好再次突出了对信息控制的重要性，因为信息服务于定调权力。所有希望限制权力的人都应珍惜并鼓励这种争议持续下去。

5

军事权力对信息的控制并非全部源自其组织纪律或正式控

制。很多是由于所涉及的组织的真正规模以及真实或公开宣布的议题所具有的技术特征。关注现代军事技术所具有的大规模和复杂性的公民，会服从于那些被认定具有统帅能力的人，或服从于那些被认为掌握了必要细节的代理人。而且，这些公民也会被鼓励这样做。结果便是争论仅发生在专家间，而公众被排除在外，这导致了军事权力的社会定调在平民世界是不被怀疑的。

军控议题便是这种因技术复杂而将公众排除在外的极其重要的例子。最近，这几乎成为军控专家所单独掌控的领域。反过来，这些军控专家组成懂得相关武器技术知识的小团体，他们小心地为自己推断出的苏联武器及其意图的知识保密，而且借由神学从大规模死亡的罪恶中得到救赎。他们愤怒地排除局外人的干预。医生、主教、未经训练的教授，他们在这些复杂问题上能懂些什么呢？什么使他们有权大放厥词或进行干预呢？军控神学家的自信便是定调权力的卓越表现。在个人生死问题和人类存亡问题上，核武器共同体几乎能不负责任地认为自己拥有权力去裁断和控制，并为此进行辩护。在前面提到的所有权力表达方式中，由于这种权力在行使时具有结束其他权力行使的固有力量，所以这种权力表达是最高明的。

在美国以及其他民主国家，军事权力保持对民政当局的从属关系并受到限制，这被视为明智且必要的，在法律上有明确规定。这也是一种约束，在实践中无疑是有效的。最近所有与五角大楼的对抗中，一旦面对军事机构强力定调的态度，平民们基本都会服软。因为他们想让自己看起来直率、果断、具有英雄气概、与定调下的军事美德保持一致。他们必须展示出自己能够掌控复杂的军事行动和使用精密的武器，并展示出他们对军事防御的意识并不比士兵低。结果，国家安全委员会（通常是国务院、情报机构，特别是国防部内部）中的许多非军事人员表现得比军队成员更加好战、更认可武器系统和庞大预算。

6

尽管军事权力很强大，但这并不是绝对的。其所追求的目的并非本身就具有吸引力。以前，只有低级军官和士兵[1]会面临战死，但现在可能会是平民大众。战死并不会自然而然地为定调权力服务。强制兵役同样不必然服务于定调权力。越

---

[1] 对高级军官来说，这种威胁在很久以前就不存在了。"现代大将或上将最近参与的小规模战斗要数在大陆汽车公司的撤退会上由其公司高管陪同的鸭子狩猎。" C. Wright Mills, *The Power Elite*, New York: Oxford University Press, 1956, p. 189.

南战争使美国为现代社会定调做出了最全面的努力，即不遗余力地灌输战争的必要性并让美国公众接受这场战争。然而，当面对更为强大且广泛的辩证性力量时，这种努力失败了。[①] 最终只得认同军事行动不可在表面上继续与具有越来越强烈敌意的公众为敌。军事权力由于过度依赖定调权力而最终失败。现在，美国公众中仍有声音表示，希望越南战争被忘却。用现代术语说便是，希望那种不利于军事权力的社会定调不再有效。

正如本文所述，有迹象表明存在着基于如今情形的类似的辩证性。美国的现代军事权力对核武器有坚定的承诺，这种承诺导致对核武器的必要性，甚至是无害性的广泛定调。这反过来又预示着对称性反应的出现，这种反应的主要表现为全国范围内对核武器发展、部署以及测试的冻结要求。此外美国和欧洲都做出了更大的努力来力促在政治军事紧张气氛得以缓和的情况下就所有军备的有效控制和削减进行谈判。这挑战了军事权力对敌人的需求，允许并鼓励了苏联类似行

---

① 当在学院和大学校园进行征兵时，这些人员考虑到军队纪律和死亡可能性时，辩证性变得特别强。这些人有自我表达的能力，并且具有能力寻找听众并让他们知晓其中的利害，也就是对战争是不明智的进行社会定调。征兵包含了用惩戒权力来取代补偿权力去引导服役，即赢得对军事权力的服从。正如所写到的，尽管这在其他国家（包括宣布自身为中立国的奥地利和芬兰等）仍然存在，但在美国并不为公众所接纳。

动的可能性。面对如今的军事权力，希望所有阅读过本章的读者都参与到这种制衡努力中，这是合乎情理的。人类的生存依赖这种有效的努力。①

---

① 这几页都是参照美国的军事权力写的。这种权力在其他国家也有类似表现，当然包括苏联。然而，在亚洲、非洲和拉丁美洲那些新（或较老的）国家，军事权力发挥着更为全面的作用。据统计，现在，全世界 134 个独立国家中有不少于 39 个国家由军事独裁统治。这些地方的权力是这里所指出的权力来源和行使手段的不同形式的结合。在这里，人格登上舞台，尽管是以一种晦暗，甚至令人反感的姿态。军队能从国库中攫取大量财产加以利用，而且在组织程度极低的世界中，他们还拥有组织权力。（拉美军队并不是纪律严格有效的典型，但这些国家的大多数组织都无法与其相媲美。）军事机构用自己所攫取的资源来对其士兵行使补偿权力，这是权力在贫困的农村地区行之有效的体现，在这种地区参军是迈向富裕的主要渠道。这里行使着的大量的定调权力有很大一部分关注着与军方目的相悖的利益。最重要的是，对军事组织内外的异议分子所实施的惩戒性镇压多得惊人。结果，在这种世界中，军事权力成为民事和民主程序的威胁。

第 17 章

宗教权力和媒体权力

1

在现代的基督教世界中，宗教权力的来源和行使手段已经大大减少了。依附于神——人格的权力仍然存在，并获得人们在日常生活中的广泛遵从。但就连最虔诚的教徒都会承认，与早前的观念相比，现在的观念已经淡化了不少。大多数人只在安息日做礼拜或在自己特别需要或恐惧时才乞求于上帝。而且某些人甚至完全拒绝或否定膜拜上帝。

在现代，美国特定的宗教领袖具有人格的力量，比如葛培理牧师、杰里·福尔韦尔牧师、奥罗尔·罗伯茨牧师，以及许多相对不太出名却具有很强的地区影响力的人物。然而，他们也很难与过去那些伟大宗教领袖相提并论。此外，现代，强大的公众本能把传道者或牧师限制在主要宗教议题范围内。他们要是试图逾越这个范围，在性问题或私营企业的神圣职责上寻求服从的话，将会被认为以不恰当的方式超出了自己的行动范围。

教会的财产作为权力来源的重要性也大大下降。曾经举足轻重的教会财产，现在与世俗资源相比已经微不足道。梵蒂冈的财富因其神秘性和可能被滥用而受到关注，而不是因其规模。

最后且最具戏剧性的是组织的瓦解。天主教会主导下的基督教组织曾内部纪律（相对）严明且团结一致，如今却分裂为成百上千且组织松散的派系，而且在大多数情况下，每个派系都在某种程度上与其他派系竞争。

2

与权力来源的相对和绝对衰弱同时发生的还有权力行使手段类似的但更为严重的弱化。对在世的基督教徒实行惩戒不再被允许，而且，正如之前看到的，应得惩罚作为对来世的威胁的作用也大大减弱。在世时因害怕死后所遭受的永恒劫难而不行恶事或不怀歹念（也就是说服从于教会的权威），这在如今看来至少是有点不合时宜的。

补偿权力，即收买对宗教的顺从，同样消退了。获得天国回报的承诺仍是某些人选择服从教会的实质原因，但其作用却大不如前。这种承诺在人们面对世俗回报时会被逐渐忘却，这一点在那句谴责一个人的话中表现得很明显，这句话就是："他只有在天上才能得到报偿。"

到了 20 世纪，在获取宗教服从方面，教会在国内外对穷人的特别关注和照料并非毫不重要。经常享受这种关注和照料的人会将遵从教会并表现出必要的服从，视为他们为获得食物、居所和药物所付出的代价。以医疗救护和学校教育形式表现出来的补偿权力曾在古代社会中赢得服从，而且有时还起到直接收买的作用。这样行使的补偿权力如今在不发达地区已经不再起到重要作用，在工业国家它广泛地被现代福利机构取代。

基于上述原因，定调权力几乎成为赢得宗教服从的唯一可靠手段。在这方面，定调权力具有毋庸置疑的效用，但也面临挫折。之前曾提到，自中世纪到 20 世纪，宗教权力很大程度上依赖近乎垄断地使用定调权力来获取服从。除了它，没有任何声音能具有类似的权威，即使在世俗问题上也是如此。而且任何异议都会在最终的惩戒面前变得沉默。现在，所有现代团体的定调权力都面临激烈的竞争。

宗教在早期能够事实上垄断定调权力的基础在于它控制了教育。因此，学校制度的世俗化给了它当头一棒。时至今天，天主教会在抵制这种世俗化，并持续为确立自身的教育系统而努力。这相对温和地表现为教徒鼓吹在公立学校进行祈祷或其他宗教仪式。

科学同样在从前为宗教所垄断的定调权力中拼出一条新路。这个问题人们都已知晓，所以无须多言。科学定调同样是一种强有力的手段，它有时来自强大的人格，有时来自支持它的重要的财产资源，有时来自重要的组织。科学定调作为定调权力的表现形式，在总体上比现代宗教更为有效并更具纪律性。宗教思想被认为是变幻莫测的，而科学思维却被视为准确且推论严格的。宗教仪式结构松散，而科学过程有着严格的参数。科学和宗教在一种微妙的结合中共同发挥作用，人们经常会认为两者之间不存在难以调和的矛盾。人们都应该清楚，科学对宗教权力，特别是对宗教的定调权力的影响是巨大的，尽管原教旨主义教派在这一点上是个例外，在他们看来，科学，特别是达尔文主义，与教义完全不符，因此正确的做法便是驱除科学。这便是前面所提到的规则的例外情况。

宗教定调曾只有一种来源，即当地牧师，但如今，有来自很多教堂的各种各样的声音。曾经，牧师通过每周主持的祷告，几乎可以垄断对大众思想的影响，直到 19 世纪，只有书籍（只有少数人能获得）和当地报纸才能在这方面与之抗衡。如今，哪怕最虔诚的教徒在礼拜过后都回家看电视。广播、报纸、杂志、政治演讲和书籍已经十分普遍，与宗教争夺着公众的关注度。我们这个时代中具有最大影响力的宗教领袖是那些最会运用电台和电视资源的人，这一点并非不值一提。

与显性定调不同，宗教的隐性定调仍有着可观的影响。它继续让教徒服从基于宗教原则的诸多教规，事实上这一点所具有的影响比我们知道的要大。但宗教权威的显性和隐性定调都受制于大量竞争性的声音，这些声音是当代定调权力行使的一部分。因此，像宗教权力的其他来源和手段一样，这两种定调的重要性都在逐渐减弱。①

---

① 当把基督教权力与其他传统权力进行比较时，我们可以看到其他传统权力（特别是伊斯兰教的权力）仍然很强大，从这里便可清楚地发现基督教会中宗教权力衰落的原因。对穆斯林而言，人格比以前更加重要，其强大的形象之所以得以展现，不仅通过真主和先知，还通过拥护穆斯林的祈祷者，这些在日常生活中扮演着十分重要的角色。而且，伊斯兰教组织有着更为严格的内部纪律，因此也有着更强大的对外影响。事实上，伊斯兰教组织因两大教派（即逊尼派和什叶派）的分歧以及双方彼此的敌意与仇恨而受到削弱，尽管如此，与分裂得更加严重的基督教组织相比，伊斯兰教组织仍然是更为强大的权力来源。

然而，伊斯兰教的最大实力来其权力行使手段。惩戒权力仍因在现世的使用和对来世的威胁而发挥效用。离经叛道会招致残忍程度难以想象的惩罚，包括极端的截肢，或者对不服从的女人所采取的石刑。毫无疑问，那些异教徒的命运只有死路一条。

有效使用定调权力是对惩罚的补充，而这种定调权力比基督教世界所知道的要有效得多。《古兰经》是安拉给穆罕默德的启示，不允许随意讨论。《古兰经》中都是法典，真正虔诚之徒会谙熟于心。那些为《古兰经》和一般性宗教权力进行辩护的穆斯林正确地看到或感知到竞争性的西方文化宣传所具有的危险性。这些西方文化宣传通过报纸、电台、电视以及西方的世俗和科学态度来发挥干扰和诱惑的作用。从西方文化宣传遭到的抵抗上看，《古兰经》的戒律和伊斯兰教的宗教权威得到了进一步的强化。

3

和宗教一样，报刊、电台、电视的权力源自组织，而其权力的主要行使手段是信念，即社会定调。人格曾经也是举足轻重的，比如美国那些报业领袖，阿道夫·奥克斯、约瑟夫·普利策、威廉·伦道夫·赫斯特、罗伯特·卢瑟福·麦考密克上校，又比如英国的罗瑟米尔勋爵和比弗布鲁克勋爵。[①] 在广播界也是如此，比如美国的大卫·沙诺夫、威廉·佩利，又比如英国的雷斯勋爵。如今大报社和电台的领导者尽管克服了不少反向势力，但基本上鲜为人知。在社交聚会中他们必须像 IBM（国际商业机器公司）总裁一样先做个自我介绍，他们在向银行兑换支票时都会被要求出示身份证明。在报纸和电视上，人名和面孔纷繁多样，但大多数都是组织为追求自己的目的而塑造的典型。这不仅反映了人格在现实中的作用，也反映了其传统作用。在电视中，传递给大众的很多信息都源自组织，而非个人。有时，播报人在正式播报之前只看到了简报，而没有事先了解。在所有情况下，记者、主持人或评论员都在组织设定的框架内进行发言，都要受到组织的约束，尽管这一点会因

---

① 可以认为，鲁伯特·默多克也继承了这种传统。这一事实或许会令人感到遗憾。

个别人的孤芳自赏而不被遵守。在主要报纸中，有些专栏作家坚持不懈地宣扬自己对死刑的支持，要求大规模严格限制军事权力，或主张自由堕胎，这些主张往往会引起人们的反感。过去，新闻业中的大人物视自己的报纸为说服他人的工具，因此并不会想到要为反对意见留出空间。但在现代新闻和电视节目中，人们理所当然地认为，任何强有力的观点都必须受到另一仔细酝酿的异议的制衡。

财产对报刊界和电视界来说仍然重要，他们通过补偿权力维持着庞大且高花费的结构。然而，组织再一次成为决定性的权力来源。正是源自组织且带有组织特征的社会定调持续不断地赢得外部服从。

毫无疑问，这种服从是深刻的。信念曾经是由牧师（少数情况下由教师）传递的，如今则由报刊界和电视界的主持人代劳。人们在说到"我读了这篇报道"或"我看了这期节目"时都自然而然地间接提到了其中所蕴含的信念来源。几乎所有政治讨论都从某些新闻报道或电视评论开始，这些政治讨论中的很大一部分都关注到这些新闻或评论对公众信念的影响。电视的说服力和财产结合在一起，因此它受财政预算的限制。在过去，候选人有机会参与公职选举得益于其人格或政策，而如今则要看他们所能筹集的支付电视宣传的资金的多寡。

4

与低估现代媒体的权力相比，高估其权力具有更大的危害。如上所述，媒体会受到作为权力来源的组织的限制。由于组织决策是集体做出的，所以规避了个人顽固不化的见解。[①]信念必须由适当的制衡性信念来平衡。这些都不会产生过去那种严正阐明且反复强调的个人倡议导致的定调。

应对现代电视、电台以及报刊媒体的权力加以限制的更为重要的原因在于其如今的说服力。不用过于强调，为这一点进行的努力是巨大的。结果，由于人的思维和记忆的局限性，很多内容会被忽视，更多的内容会被立刻忘却，这是不可避免的。媒体不可能产生永恒的信念，只可能从临时产生的信念中得到一点效果。信念会对一些人起作用，对另一些人则不会。这在宗教训诫中也适用。当它是单纯的，不受怀疑或反对的观点干扰时，当它垄断了对人类思维的影响时，其定调便是强有力的。现代报刊业和广播媒体同样如此。

正如在前面的政治家的案例中所看到的，政治家在演说中

---

① 电视台在政治竞选方面不会试图通过任何手段对候选人、选民，或大众对问题的态度发挥影响。他们的评论都是关于何人的票数领先、何人的票数落后，以及他们采取何种策略赢得或失去选票。对于电视台而言，竞选只不过是观赏型活动的一种。这一点也反映了组织的限制。

取悦于听众，之后收获掌声，他便因此而认为自己的说服获得了成功。这一点是权力幻象的重要体现，而这种幻象同样强势地存在于媒体中。人们在阅读或聆听他们早已信以为真的内容时会给予积极的反响。这反过来被认为是影响，甚至书面或电视信息一开始便以特定的观点来认同他们的观点时，也是如此。事实上，在极端的案例中，电视台或网络通过调查查明什么是观众最希望听到和看到的，并对这种欲求做出反应，随之认为观众的反应是其说服的结果。

最终，影响力，即信念所取得的成就，由于其力劝的内容大多缺乏可能性而受到削弱。这一点在电视上表现得尤为明显。若商业广告为一般药剂吹嘘其具有超群的治疗效果、宣传穿白色衣服带来社会效益、替充满野心的政治家进行道德喊话，便会引起受众强烈的质疑。当人们看到或听到这类报道时，自然也会倾向于不相信它们。

报刊业和电视台的权力所取得的成功就是它们利用这种权力所进行的劝说，这一信念不可避免地影响到其参与者。这一点在之前已经说过了。华盛顿的记者或联播节目评论员在想起自己所行使的权力时，他们的自尊得以增强。这种权力感不仅体现在严肃的态度上，也体现在同样严肃的公开写作和自白上。而且由于政治家、游说者和寻求媒体途径的职业正义公民、记者、编辑、专栏作家和评论员的关注和努力，这种权力得到了进一步增强。

作为缓解政治挫败感的一种方式在起作用能进一步加深媒体权力给人的印象。在我们这个时代，反应灵敏且善于表达的公民会看到很多难以接受的事物，他们有时要诉诸组织和演讲来发泄，有时也要通过媒体来发泄。他们写文章、给编辑寄信，更高层次的可能会接受电视台采访。他们通过这些渠道获得了精神上的解脱，即获得了某种成就感。这种成就感的关键在于他们对媒体权力的信任。[①]

最后，还存在一种剩余效应。通过惩戒赢得服从的方式在现代工业社会已经大大减少。同样如此的还包括利用资源丰富的补偿权力所实施的压迫，因为贫穷的压力越来越小，而替代选择又越来越多。那么剩下的就只有定调权力。在这个方面，报刊业和电视台与之有着千丝万缕的关联。因此，这是权力的现代体现。

人们不应该低估媒体的权力，在组织和社会定调方面，它将大量的现代权力来源和行使手段结合起来。尽管如此，报刊

---

① 这一点在马歇尔·麦克卢汉著名的文章中有所提及，该文章名为《媒体即信息》(The Medium Is the Message, *Understanding Media: The Extensions of Man*, New York: McGraw-Hill Paperback Edition, 1965, pp. 7-21.)

业和电视台的权力需要审慎地看待。普遍行使所有权力的可能性下降，与以前相比，如今一些人服从于另一些人的目的的现象已经减少。在这种情况下，必须分析还在行使的权力，比如现代军事权力以及更普遍的国家和大公司行使的权力。

第 18 章

结语：权力的集中与分散

1

中世纪的人很少会讨论或思考权力。因为当时的权力都掌握在王公贵族手中，而平头百姓则会自然而然、主动且绝对地服从于他们。除了丈夫对妻子、长者对孩童外，一般人都不会期待自己能行使什么权力。这种境况在资本主义崛起之后也没发生多大改变。权力仍然掌控在政府和宗教权威手上，不同的仅是商人和工业家也拥有了权力。那些每天到手工作坊工作的劳动者几乎将其一生都用在了服从作坊主的命令上，而剩下的一点人生却被掌控在政府和教会手中。独立的权威领域的概念并没有产生。沉默的大众将无力感视为自然规律。由于权力仅为极少数人所行使，所以并没有人讨论它。马克思的举世无双的成就就是使缺乏权力的劳动群众认识到，这种服从并非自然规律，也不是不可避免的，事实上权力是可以获得的。

如今权力成为热门话题，这并不是由于如今比过去更能有效行使权力，而是由于越来越多的人能够利用事实上的权力，更重要的是他们会产生自己在行使权力的幻觉。在现代，权力集中在大组织中，而权力的行使或看似行使却分散在多数个人中，两者的结合便是如今的现实。无论是哪一种，对实现当前的目的都很方便，但社会现实一如既往是混杂的。

权力集中明显是当今社会的一部分，这不会引起多大的争议。这一点鲜明地表现在现代工业企业、现代国家和与前面两者相结合的现代军事权力上。工业权力集中仅存在于少量大型组织中，这些组织如今主导着经济活动。正如之前提到的，在美国，大约1000家大型组织贡献了全国2/3的私人产品，在其他工业国家也有类似的情况。

这一点与包括美国在内的市场资本主义早期的经济活动广泛分布形成鲜明对比，也与仍广泛分布的农业企业截然不同。能掩盖这种经济权力集中的只有越来越过时的定调，它断言公司的权力会不断消解并服从于传统市场。这种定调的掩盖作用在未来将会减弱。

与以前相比，现代国家以及现代军事权力拥有大量行使权力的工具。毫无疑问，后者主要反映了权力的集中化。军事权力能够利用全部的三种权力行使手段，并且能从两种权力来源中获得强大实力，即运用大量财产和拥有现代标准的单一控制且纪律严明的组织。很多人强烈地甚至充满激情地支持军事权力，这说明它拥有大量的补偿和定调权力。如此行使的权力的集中，绝不会被人轻易忘记。

2

正如我们已经清楚地看到的，组织和社会定调的相关作用是现代权力行使的基础。与此同时，让人觉得矛盾的是，它们不仅带来权力的集中化，还导致权力在个人间的分散。

在组织结构中，特别是在现代公司和现代公共机构中，权力在组织内部人员中分散，而更为常见的是一种这些人在组织中具有并使用权力的幻象。人格让位于组织，会不可避免地导致权力为更多人所使用。曾经用以表达老板意愿的东西如今成为官僚机构的产物。官僚们召开会议、参与委员会，通过组织的等级结构来修正、补充和批准建议。在老一代的商业公司，员工服从于老板。正如人们所说，老板的话就是公司的法律。在现代大型公司，员工服从于很多人构成的官僚体系。常被尊称为老板的人，只不过是那些给他发出指令的人的代理人，他所预设拥有的权力至少部分是由那些对老板的虚荣心十分敏感，因此会表现得服从于老板的权威的人赋予的。然而，若这种权威是真实的的话，那将是种灾难。现代公司的头衔表达了这一事实，即首席执行官只不过是众多执行人员的领队。公共机构与现代公司如出一辙，不仅集中了权力，还将其分散到各个参与者中。

大组织内最高指挥权发生的变化便是这种内部的权力分散的证据。可想而知在现代商业公司和公共机构中政策和行动极少会因此而发生许多变化。在大组织中权力是由管理层内部行使的，而不是为临时在位的最高层人员所行使的。这一点在实践中得到公认，而且这与经济和政治仪式截然不同。

现实中个人能否在组织内部行使权力，取决于他是否有能力去影响组织的目的，去影响或获取组织所追求的外部服从。只要个人仍服从于公司或公共官僚机构的目的，即服从于其对内权力，他就仍有能力影响其权力行使，这种人或许是有影响力的经理或局长，或许是精明能干的包工头或主管。

然而，权力幻象更为重要。某些幻象产生于阿谀奉承，即组织中下属让长官感到高高在上。[①] 更可能的是，组织拥有权

---

① 这包括华盛顿的官员。他们向上司（主要是总统）提交建议时，一般不多言其他可接受的方案，而大肆赞扬上司做出的决定是多么明智。

力，个人便感觉自己能分一杯羹。他完全服从于组织，但主观地认为在权力共享过程中组织的部分权力归他所有。

然而，组织更为明显的表现是其将权力的高度集中与有组织团体的增加以及组织之间的权力大分散结合在一起。这反过来会导致权力行使幻象变得更普遍。

3

组织的主要特征是能够被人持续且广泛地利用。具有魅力十足的人格的人是有限的，在人格与政治和媒体广泛结合的时代同样如此。财产在任何特定的时刻，其总量也是固定的。但是，组织的数量却能不受限制地增长。正如任何人都能组建组织去追求其目的，任何人或任何组织都能利用相关的定调权力手段。演讲、小册子和书籍、电视节目和其他广告、新闻、杂志文章，以及数不尽的其他说服手段都可供其使用。这些都是权力在现代的体现，因此权力分散是清晰可见的。人们在建立组织、发表宣言、参与电视节目的过程中相信自己拥有权力。必须再次强调，这些都是现代人们对权力进行激烈讨论的诱因。之所以讨论权力，不是因为能特别有力地行使权力，也不是因为能获得很大程度的服从（其实这两点与过去相比反而有所减弱），而是因为更多人拥有权力或幻想自己在行使权力。

生活在所有现代工业社会（特别是美国）的一大特征就是，会接触大量为公共和政治舆论阵地而竞争的组织，包括游说组织、政治行动委员会、公共利益集团、贸易联盟、工会、公关公司、政治问题和其他问题的顾问、电台和电视台里的布道者，以及不计其数的其他组织。人们一般会热切关注他们的权力，更会察觉到其中反映出的权力分散或传播。若权力高度集中在国家手中，这些组织就不会存在，此时将不存在别的权力供人寻求和分享。这是因为组织能够影响政府并利用其部分权力来发挥作用。这也就是说，通常与现代国家相结合的权力同样在分散。

4

人们变得富裕进一步导致了权力的分散，因为这弱化了财产和补偿权力的作用。消费者和工人在变得富裕之后拥有更多的选择，因此没有必要服从于任何特定的权力行使。贫困的消费者要服从于房东、店主和放高利贷者的权力，但富裕的人却不用如此。在人们普遍贫困的社会，垄断是一种权力来源，但富裕的国家使人们有了垄断之外的选择。贫穷挨饿的工人要服从于雇主，但高收入的员工在面对强迫时却相对从容。

如果失业保险或福利金能成为收入来源，就能避免贫穷挨饿，因此压迫也就变弱。正如之前所述，在现代工业社会，老板们时常抱怨工人不再像以前勤劳和听话。这种抱怨部分是针对削弱雇主补偿权力的富裕。也是针对社会保险和其他消除恐惧的社会福利。那些攻击现代国家福利政策的人正确地觉察出，福利政策正在弱化和分散曾为雇主权力服务的补偿权力。至于这到底是不是不幸、不明智或有害于社会的，就是另外一个问题了。

权力也因其辩证性而分散。关于权力辩证性，之前已经讨论了很多。那些曾经俯首于压迫的人现在自动地组织起来抵制压迫。早些时期并非如此，在那时，这种抵制被视为颠覆行动，但如今，这却是权力行使者所必须面对的。

然而，还是存在很多例外情况。现代军事机构权力高度集中。它能从组织的大部分人员中获取高度服从，并能按对称性的方式从外部获得相称的服从。现代大型公司要求其大量管理人员在步调上保持高度一致。这些公司的财产资源使其能掌控大量雇员，从而有了来自公民和国家的广泛服从。如同军事权力，大型商业公司的目的，以及维系该公司的观念，虽非绝对，但基本上是毋庸争辩的。正如不利于军事权力的社会定调被视为不爱国且忽视国家安全的，那些不利于现代大型公司的社会定调也被视为意图颠覆自由公司制度。军队和公司权力的优势主要在于反对者带来的权力来源的分散，此外还有基于对立辩证法的权力幻象。反对军队或公司的人在举行会议、发表演讲或发表宣言时认为自己取得了成就，没什么能比他们的这种信念更好地为军队或公司的权力服务了。在民主国家没有人会质疑有组织地反对权力集中化的真实有效性。但所有人都必须清楚认识到权力分散所导致的弱点，以及幻象与现实效果之间的区别。

5

本书并不试图评判权力行使，或是现代军事权力发挥的惊人的作用。（对于后者，我们很难采取完全置身事外的态度进行分析。）权力行使能带来苦难、羞辱和悲伤。然而，权力哪怕不行使也会带来这些苦难、羞辱和悲伤。我希望读者能从本书中对权力的性质与结构、权力来源和行使手段、权力来源和行使手段的各式各样的结合，以及它们随着时代发展而产生的演变、它们在现代的形式与作用有明确的认识。我特别希望读者能对定调权力在现代所发挥的作用有更好的理解。这种权力之所以行之有效，是因为我们对它一无所知，即我们认为我们只不过是对普通信念或自然且得到公认的美德做出反应罢了。我亦希望读者能对权力幻象有更好的认知，正如之前提到的，很多人服从于这种权力幻象。此外，我还希望读者对权力集中问题中存在的不足有更好的了解，这种不足源自现代人们对权力进行反制时出现的分化趋势。我们应认识到在反抗公司或军队权力行使时，应避免各个反抗组织之间的分化或竞争，这些反制权力的统合才是主要的，事实上是绝对和关键的。最后，从更广泛的层面而言，我自然希望读者不断思考，我们日常所说的和参与其中的权力背后到底是什么。

致谢

照例，我十分感激那些忠诚且深受爱戴的朋友。伊迪丝·塔克就是其中之一，她是马萨诸塞州韦尔斯利镇一个富有天赋的社区领袖，她在肩负大量责任之余还帮我将手稿及修改稿录入电脑，并耐心指出文中看起来不完整或晦涩难懂的地方。安·利文斯顿也帮忙分担了录入的工作，还帮我搜集资料和校对，巧妙地帮我解决和避免了生活琐事的烦扰，让我在写作时能够保持思路清晰顺畅。我最感激的是安德烈亚·威廉斯，他不仅是我写作本书的搭档，也是我之前许多书的搭档，公正地说，他的大名即便不是作为共同作者，也应当作为最具天赋的编辑被列出来。